心に響くこと だけを やりなさい!

一瞬で自分らしく生きられる
「パッションテスト」

フォレスト出版

THE PASSION TEST by Chris Attwood and Janet Bray Attwood

「パッションテスト」を称賛する賢者たちの声

ジェイ・エイブラハム

世界NO1マーケティング・コンサルタント、『ハイパワー・マーケティング』著者

本書はとても刺激的で、啓発される本です。今まで誰も明かしてこなかった秘密が書かれています。とても意欲をかき立てられました。

ハーブ・エッカー

全米ベストセラー『ミリオネア・マインド』著者

本書を通じて、パッションテストを受けることで、あなたは自分自身のユニークな才能を発見できるでしょう。その才能を使って、あなたの助けを必要としている人をサポートするかどうかはあなた次第です。

ドクター・ジョン・F・ディマティーニ

『ザ・シークレット』出演者、『心を知る技術』著者

ジャネットとクリスはすばらしい作品をつくりました！　テンポの良い啓発的な本書は読者にインスピレーションを与えるでしょう。読者が自身の内に秘めたすばらしさを表現することや、生来の天職や使命を発見してそれに基づいた行動がとれるように手助けしてくれるでしょう。私は本書の中の引用文、ストーリー、そしてメッセージが大好きです。「自分の心からの夢に生きる」という一番大切なことを行なう助けとなってくれたことに感謝します。

マーシー・シャイモフ

『「脳にいいこと」だけをやりなさい！』著者、全米ベストセラー『こころのチキンスープ』シリーズ共著者

シンプル、明快、そしてパワフル。本書は、夢を生きるために必要となる明確さを手に入れるための卓越したツールです。

ビル・ハリス

センターポイントリサーチ協会ディレクター、『ザ・シークレット』出演者

率直に言って、たいへん驚きました。本書は、どうやって豊かになるのか、どうやって自分の愛するものを手に入れるのか、またどうやって十分に満足できる収入を得るのか、そのための直接的で実践的な道筋を示しています。

リチャード・ポール・エヴァンズ

全米ベストセラー『クリスマス・ボックス』著者

本書は、人生は楽しみ、挑戦、報い、そして生きがいがすべて同時に成り立つ可能性を秘めていることを教えてくれる驚くべき本です。クリス・アットウッドとジャネット・アットウッドは自分の心を探る冒険へあなたを導いて、パッションを呼び覚ます方法を教えてくれます。そしてパッションとは、使命に生きるための刺激となるものです。

マーク・ウォルドマン

ペンシルベニア大学精神性と意識センター準研究員、『Born to Believe』共著者

神経学的な観点から言うと、パッションテストはとても強力で行き届いたツールです。心の奥底にある夢を実現するために、フォーカスを変え脳を鍛える手助けとなるでしょう。

スチュワート・エメリー

『Success Built to Last』共著者

私はぜひ皆さんにパッションテストを受けていただきたい。私の過去30年間のコーチング経験から学んだのですが、持続的な成功というものは、パッションを発見したり、パッションを続けたり、パッションとつながったり、パッションが得意であることから始まるからです。

あなたが情熱を持てるものは、まだ発掘されていないかもしれません。ですから、この本を読み、パッションテストを一年に何度か受けることで、パッションとつながり、軌道に乗ることができるでしょう。あなた自身にパッションを生きる人生をプレゼントしましょう。

イヴァン・マイスナー

BNI（ビジネスネットワークインターナショナル）創設者、会長

本書によって、あなたの人生で一番大切なものにフォーカスすることができます。パッションは、誰にとってもまた世界のどこにいても、成功への鍵となるものです。BNIの創設者である私にとって、本書は、フランチャイズ加盟者のパッションを理解する上でたいへん価値あるものになるでしょう。なぜなら、彼らが自分のやっていることにパッションを持っていなければ、能力があっても、彼らの持っている力を出し切って成功することはできないでしょうから。

イェフダ・バーグ

カバラセンター、『The 72 Names of God』『The Power of Kabbalah』『The Red String Book』著者

一気に読んでしまいました。とても惹きつけられるストーリーで、テストを受けるのを忘れてしまいそうでした。パッションテストを受けてみて、ジャネットのストーリーを通して、パッションを生きる上で欠かせない重要なポイントを聞けたことが、たいへん貴重であったことがわかりました。

キャサリン・ラニガン

『ロマンシング・ストーン―秘宝の谷』『ナイルの宝石』著者

このテストは人生で本当に大切なものを明確にすることができる、たいへん価値のあるツールです。そしてクリスとジャネットが実際に自分の使命を生きるためにシェアしてくれるレッスンは、同じくらい価値のある内容です。

パンカシュ・ナラム

世界的に有名なアーユルヴェーダ医師、『Natural Health』共著者

人生の目的がすでに明確になっていても、もっと明確にしたいと望んでいる場合であっても、本書はあなたをより充実した完璧な人生の軌道に乗せてくれるパワフルなツールを提供しています。あなたのパッションが明確になればなるほど、それを実現するチャンスがよりはっきりと表れてきます。

D・C・コードバ

エクセレントビジネススクールCEO兼共同創立者

プロセスのシンプルさと力強さに驚嘆しました。日々の優先順位を明確にするのに、たいへん役に立っています。本当にすばらしいです。

ポール・シェーレ

ラーニング・ストラテジーズ社会長

自分が選んだ人生を生きられない理由なんて、まったくありません。もしもあなたが、自分が一番に情熱を持てることよりも他のことを優先して生きる力を犠牲にすることさえなければ、あなたは自分の望むとおりに人生を創造することができます。あなたのパッションへより早く、簡単に、そして楽しくたどり着くプロセスはパッションテスト以外にありません。

アンドリュー・ニューバーグ

放射線医学および精神科准教授、ペンシルベニア大学精神性と意識センター準研究員、『Born to Believe』共著者

あなたにとって最適な現実をつくるために、信念を受け入れる手助けになるすばらしいシンプルな方法です。

シェリル・クラーク

「ドゥーイングライフ！　インターナショナル」創立者

あなたがもし本当に自分のパッションを感じているものを手にしたい、やりたい、なりたいと思っているなら、この本が案内人になります。ジャネットとクリスは本当に役に立つパワフルなシステムを考案しました。

訳者まえがき――世界一の情熱発見ツール「パッションテスト」

本書は、ひと言で言うと、「情熱」（本書では「パッション」と呼んでいます）について書かれた本です。本書のタイトルにある「心に響くこと」だけをやって生きる人生とは、つまり、情熱を生きる人生のことを指しています。本書ほど情熱について丁寧に書かれ、体系的にまとめられている書籍は、他に見当たりません。

「幸せな成功者には、たった一つ共通点がある。」それは何か？」と聞かれたら、私は迷わず、「情熱を生きていること」と答えます。それは、本書で紹介されている調査結果でも明らかになっていることです。

「情熱」という言葉から、暑苦しさや熱血、ハイテンションなどをイメージして、抵抗を覚える人もいるかもしれませんが、実際、「情熱」と「テンションの高さ」とは、まったく関係ありません。

情熱は、どちらかと言うと、**「静かなるワクワク」**というイメージです。

モノづくりが大好きな職人さんや鉄道マニアの方々をイメージするとわかりやすいと思

います。こうした方々は一見、テンションは低く見えるかもしれませんが、内に情熱の炎が燃えています。**自分がやっていることが好きでたまらない**という人や、**質へのこだわりが徹底している**人たちです。

ここで、お伝えしたい重要なことは、**情熱は人によって違う**ということです。つまり、「何に対して情熱を持っているか」は、人によって違うということです。100人いれば、100人とも情熱が違います。

自分の情熱に沿って生きると、**努力やモチベーションが必要なく、大量の行動がとれます。**そして、**直感が鋭くなり、さまざまな幸運を引き寄せやすくなって、夢の実現が加速します。**これは、多くの著名人の自叙伝でも示されていることですし、私自身もたくさん経験してきました。

自分の情熱とはまったく違う情熱を持っている人の教えは、ほとんど参考にならないばかりか、かえって害になることがあります。

例えば、お金を稼ぐこと自体にあまり情熱を持っていない人が、お金稼ぎに情熱のある成功者のノウハウを学んだときに、頭では理解できても、心に響かないため、どうしても実行する気になれず、自己嫌悪に陥るだけでしょう。だから、ある成功者のノウハウを学んで成功する人は、同じような情熱を持つ数%の人だけなのだと思います。

自分の情熱が明確になれば、同じような情熱を持つメンターや師匠は自然と見つかります。そうすると、彼らから学んだノウハウは心に響くので、意志の力を必要とせずに、楽に行動できるわけです。すると、**毎日を楽しみながら、夢に向かって進んでいける**ようになりますから、**あっという間に、次から次へと夢が叶っていきます。**それが情熱を生きている人の人生なのです。

それでは、自分自身の情熱はどうやって見つければよいのでしょうか。

その答えが本書にあります。本書の原題は『The Passion Test: The Effortless Path to Discovering Your Life Purpose（パッションテスト：楽に人生の目的を発見する道）』です。本書では、**世界一の情熱発見ツール**と言われる「パッションテスト」を体験できます。

このツールは**とてもシンプル**ですが、実際にやってみると、**自分の人生の方向性が明確になります。**そのため、「自分のやりたいことがわからない」という人や「天職を見つけたい」という人、また、「もっと情熱あふれる人生を送りたい」という人は、必ずやってみることをお勧めします。その他、情熱を生きるためのツールやノウハウが多数紹介されていますので、本書を読み終える頃には、**「これが自分の生き方だ！」と胸を張って言えるようになる**でしょう。

本書では、一般のビジネスパーソンや主婦、自営業の方々から、世界的な成功者まで幅広く事例が紹介されていますので、きっとご自身が共感でき、納得できるエピソードに出会えることと思います。

著者のジャネットとクリスは**世界的なベストセラー作家**であり、世界中を飛び回っている講演家です。二人と一緒に過ごしていると、その心の純粋さと熱い情熱にはいつも驚かされます。彼らは子供から年配の人まで幅広く、誰でも気さくに声をかけて、見知らぬ人とすぐに仲良くなってしまいます。例えば、以前、彼らが宿泊したホテルの掃除スタッフのご婦人にも、サプライズでプレゼントを贈っているのを見かけたことがあります。ご婦人は感動して涙を流していました。

本書で紹介されているノウハウだけでなく、そんな彼らの人柄や生き様から、情熱を生きるための大きな気づきが得られることでしょう。

それでは、さっそく、情熱あふれる人生の扉を開いてください。

鶴田豊和

心に響くことだけをやりなさい！◎目次

第3章 さあ、パッションテストを受けてみよう！

第4章 パッションを生きる

第5章 マーカーをつくろう！

第6章　夢を実現する

第7章　世界は私のあり方を映し出す

第8章　あなたは、あなたが思うようになる

第12章 喜びは常にそこにある

カバーデザイン◎ lil.inc（www.lotus-lab.com）
本文デザイン・図版作成◎二神さやか
ＤＴＰ◎株式会社キャップス

プロローグ

情熱的にワクワク毎日を過ごす人生へ

パッション（情熱）を生きている人とは、どういう人生を送っているのでしょうか。

エキサイティングで、充実していて、やる気に満ち、目的意識が高く、誰にも止められない気概を持っている……。それは、天命に従って進む生き方。

誰だって、自分の人生には意味がある、目的があると実感したいものです。みんな、毎日を情熱的にワクワクして過ごしたいし、人生を愛し、社会に何らかの貢献をしたいと願っています。

では、どうしたらパッションが湧き起こるようなことを見つけられるのでしょうか。それが本書のテーマです。

まず、望む未来を手に入れる3つのステップについて話しましょう。

望む未来を手に入れる3つのステップ

私たちの友人でありアドバイザーでもあるビル・レヴァシーが、望む未来を手に入れるために必要な3つのステップについて紹介してくれました。

①インテンション（意図）

自分が人生で本当に望んでいることを意識化し、言明すること。本書で紹介するパッションテストを行なうと、意図は明らかになります。

②アテンション（注意）

望ましい未来を選択し、意識を向けるようになると、それは実現し始めます。

③ノーテンション（柔軟）

今までの考え方や習慣に縛られない柔軟な態度。肩の力が抜けたリラックスした状態です。望む未来を明確にし、意識を向けたら、気負わず運命に身を任せる……。「人事を尽くして天命を待つ」というスタンスです。

これら3つのステップはとても重要です。後の章で詳しく説明しますので、今はなんとなく頭に入れておいてください。

自分らしさを明確にする最強プログラム「パッションテスト」

本書で紹介しているパッションテストを行なうことによって、**自分のパッションが明確になり、自分らしく人生を生きることができる**ようになります。

私たちはこれまで世界中で数千人の人たちに対してパッションテストを教え、彼らの人生に対して大きな影響を与えてきました。そして何より、私たち自身の人生もパッションテストによって、劇的に変わりました。

本書の中で、ジャネット自身がどのようにパッションを生きてきたかをお話しします。その真実のストーリーをたどることにより、読者の皆さんもパッションを生きるとはどういうことか、具体的なイメージが浮かんでくるでしょう。

本書は、読むだけではなく、経験していただける本です。本書に出てくるパッションテストを実際に受けることで、自分のパッション、つまり**「自分らしさ」が明確になり、今後の人生の指針を得られる**でしょう。

パッションテストは**とてもシンプルなテスト**であり、テストを受けた多くの人がそのプロセスを楽しんでいます。

科学的に実証済み！「人生の目的」と「パッション」の深い関係

私たち、一人ひとりの人生には意味があると思いますか？

ちょっと考えてみてください。この地球上の誰一人として、同じ人はいません。一人ひとりがユニークで特別な存在なのです。

あなたもそうです。**あなたも特別な才能を持っています。**なぜなら、この世界であなたは特別な役割を持って生まれてきたのですから。

自分の才能を生かすことができる、自分にしかできない役割に気づいたとき、あなたは人生の目的を生きていると言えるでしょう。

人生の目的を生きているとき、毎日はワクワクし、楽しく、充実しています。

パッションとは、あなたが愛するものや人のことです。

パッションとは、あなたにとって最も大切なものです。

自分自身のパッションについて語ったり、パッションに沿って行動するとき、人は陽気で楽しくなります。

多くの場合、自分が愛する人たちは自分のパッションに含まれています。例えば、家族や恋人に関わることを自分の最も大切なパッションとして挙げる人は多いでしょう。

パッションと愛は密接に関係しています。なぜなら、どちらも心の底から湧きたつものだからです。パッションを生きているとき、その人は自分の人生を愛していると言えるでしょう。

ペンシルベニア大学の神経科学者アンドリュー・ニューバーグ博士とマーク・ウォルドマン博士は、私たちが「信じること」と「外部世界で創り出すこと」の関係性について徹底的に研究しています。二人は次のように語ってくれました。

私たちが愛しているものにフォーカスしているとき、脳はとても幸せな状態にあります。

愛していることや望んでいることにフォーカスすればするほど、怒りや恐れ、失望、心配などのネガティブな感情を司る大脳辺縁系の部分が小さくなります。すると、より明瞭に物事を考えられるようになります。

同時に、大脳辺縁系のポジティブな感情を司る部分が大きくなります。このときドーパミンや（幸福ホルモンと言われる）エンドルフィン、その他ストレスを減らすさまざまなホルモンや神経伝達物質が分泌されます。そのため、より健康的で、ストレス軽減のポジティブな効果を感じられるようになるでしょう。

あなたにとって最も大切だと信じていることに沿って生きるとき、ネガティブな感情は減り、ポジティブな感情は増えるのです。

ですから、**パッションを生きることは健康に良いし、幸福につながる**と言えます。

パッションは、人生の目的そのものではありませんが、人生の目的を見つけるための大事な手がかりです。

人生とは、「人生の究極の目的を見つける旅」と言えるでしょう。

パッションは時や状況によって変わっていきますが、パッションを生きれば生きるほど、自分の人生についての理解が深まり、人生の目的を感じられるようになっていきます。

本書を読み終える頃には、あなたにとって最も大切なパッションが明確になっているはずです。それがあなたの人生の新たな旅の第一歩になることでしょう。

第1章

すべての始まり

あなたの歓びに従うとき……
思いがけないところで、扉が開くでしょう。
そして、他の誰のためでもないあなたの扉があるはずです。

――ジョーゼフ・キャンベル

今、なぜ苦しいのか？

「それで、旅行はどうだった？」

と私（クリス）が尋ねると、

「もう最高。今までの人生で一番スゴイ体験だったわ」

とジャネットは答えました。

「どんなことが起きたんだい？」

とさらに聞くと、複雑な表情を浮かべて彼女は言いました。

「まったくあきれちゃうの。病気になってしまって1週間ベッドから出ることもままならなかったのよ。山から転げ落ちて死ぬところだったし、ヒマラヤでは凍死寸前。ロバには蹴られるし、一人でインドまで旅しなければならなかったし、もう二度とこんなことはしませんと天に誓ってもいいわ」

ジャネットのインドへの旅はかなりドラマチックだったようですが、40人もの聖者から直接叡智を授けてもらい、念願のインタビューとドキュメンタリー撮影が叶い、何より深い気づきを得られた人生最高の経験だったと言うのです。

ジャネットの人生を変えるほどの旅物語は、またあとでお話しします。

その前に、あなたが望んでいることについて、話していきましょう。

あなたが本書を手にしたのは、「もっと幸せになりたい」「もっと充実した人生を送りたい」と感じているからではないでしょうか。

「今生きている人生ではなく、もっと自分らしい天命を生きたい」という想いをお持ちなのだと思います。

幸いなことに、今の私たちは、「パッションを生きる」方法を知っています。それでも、ここに至るまでの30年は、ジャネットにとっても私にとっても、苦労の連続でした。とにかく、生活費を払うのが精一杯の額の給料をもらうために、来る日も来る日も働いていました。

もしかすると、あなたもこれまで、不動産や株・起業などによってお金を稼ぐ方法についてのセミナーを受講したり、テレビ番組を見たかもしれません。また、副業でネットワークビジネスを行なったり、ネットオークションで商品を販売してみた人もいるでしょう。

それでもうまくいかず、失望感を感じ、**「果たして、こんなに頑張ることに意味があるのだろうか」**と感じた人がいるかもしれません。

私とジャネットもそんな苦い思いを何度も経験しました。

そして、その**苦い思いは、「天命から外れた生き方をしている」ときに味わう**ということに気づいたのです。

その状態は、ジャネットのように、**一瞬にして変えることができます。**

パッションテスト誕生前夜

ジャネットの「旅」は、踊るように横断歩道をわたっているときに始まりました。

◉自ら可能性の扉を閉ざしたとき

8歳の頃、みんなが寝静まるのを待って、こっそり外に出て想像の世界へ行ったものだったわ……。角にある街灯の下に入ると、私は夢のステージに立ち、数千人のファンが憧れる美しいセレブの女優になって、宵の静けさに向かい歌って踊っていました。その世界にいた私は、生き生きしていて自由だった……。

叔父や叔母がやってきたときは、必ずみんなの前で踊りと歌を披露していました。兄弟は恥ずかしいから嫌だと言ったけれど、父が皆を集めてくれた居間は、私のブロードウェイ・ショーのステージでした。

音は外すし、踊り方だって知りませんでした。それでも、みんなの前で歌って踊りたいという気持ちがあまりにも強くて、才能のあるなしなど考えたこともなかったし、披露するチャンスがあればためらうことはありませんでした。

「お願いだからパサデナの舞台芸術スクールに通わせて」

と何度も両親に頼んだけれど、そういうことに使うお金はないと許されませんでした。

10歳になって、ようやく父がスクールのお金を出してくれると言いましたが、私は、「子役としてデビューするには遅すぎる。子役スターになるチャンスはもうない」と言い放ち、自ら可能性の扉を閉ざしてしまいました。

その瞬間に、夢の世界は崩壊し、夜明けのステージは幻と消え、私はいわゆる厳しい現実世界に足を踏み入れてしまいました。もう夢を追うには年をとりすぎていると思っていたのです。それが間違いの始まり……。

◉好きでもない仕事をする毎日

18歳になった頃には、夢を見ることすらやめて、ときめきのない「現実」生活を始めていました。だから、自分の大好きなことや望むことなど考えもしませんでした。

仕事が必要なときは、とにかく求人欄を見て、仕事の内容と給与をチェックしたものです。

1981年に、私はシリコンバレーの中心にある技術者のヘッドハンティング会社に勤め始めました。

当時、経営者は右肩上がりの営業成績に喜んでいました。一日何度も電話が鳴るたびに売上が入る、そんな感じでした。

けれども、悲しいことに私の契約はまったくダメ。他の人たちは、新しい車だ、家だ、バカンスだと言って昇給を楽しんでいたのですが、私は時計を眺めながら5時になるのを待っている感じでした。毎晩、惨めで屈辱的で、恥ずかしくて腹が立って、落ち込んでオフィスを出て家路につきました。日に日にその状態は悪化していきました。

そもそも私が雇われた理由は、その会社の社員のほとんどが私の友人だったから……。

コミュニケーション上手、ネットワーキングの達人、エネルギーの塊と言われていた私にはまさにピッタリの仕事だと言われて就職したのです。

ところが、私には技術者と話すのに必要な左脳の能力が備わっていないことを、皆は知らなかったのです。

◉ある一人の女性との出会い

そんな暗澹たる気持ちで過ごしていたある日、ふと自己啓発セミナーの広告を目にしました。私は、なぜか参加しなければいけないと直感し、会社には病気で休むと連絡してセミナーに出かけたのです。

そのセミナーの講師はデブラ・ポーネマンという若い女性でした。彼女の講義のキーポイントは、「自分のパッションを見つけること」でした。

私はデブラの講義を受けて、時間管理や目標設定について話し合えることにワクワクしたのですが、彼女の言っていることよりも、彼女のあり方に私は魅了されました。

デブラが自分のパッションを生きているのは、誰の目にも明らかでした。

それは、彼女の言葉や姿勢に表れていて、本当に幸せそうに見えました。深い知性だけではなく、自然とあふれ出る愛でみんなの気持ちを高めている、まさに「理想の女性」でした。

さらに、世界中を旅して、自分が大好きなことについて話すことで収入を得ているなんて、なんてすてきなのでしょう。

デブラはすばらしいアドバイスをくれました。

自分が欲しいものを持っている人に出会ったら、嫉妬の感情を超越して、「それは私にぴったりだ！」とただ自分に言えばいい——。

私はそのアドバイスをしっかりと受け止めて、心の中で念仏のように唱えました。

「それは私にぴったりだ！　それは私にぴったりだ！　それは私にぴったりだ！」

と。

◉自分の夢への第一歩

なんと幸運なことに、セミナー終了後にデブラを空港まで車で送る機会に恵まれました。空港で、飛行機の搭乗を待つあいだに、デブラは真っ直ぐに私の目を見てこう言いました。

「あなたの夢は何、ジャネット？」

と。私もまっすぐに彼女の目を見てこう言いました。

「聞いてくれてうれしいわ。今日、まさに考えていたことなんですけれど、あなたが私を雇ってくれるか、今の地位を退いてくれるといいなって……。なぜって、私は世界一の講演家になるつもりなんです」

と私が言うと、ちょうど搭乗のアナウンスが聞こえてきました。

デブラは私の言ったことには何もコメントしないまま、私をハグして、すばやく踵を返して行ってしまいました。「彼女と会うのはこれが最後ではないわ」と私は心の中で思うのが精一杯でした。

いったん方向が見つかったら、じっとしていられないのが私の性分です。翌日、ときめきのない職場に戻ったとき、そこでの仕事を辞めることになるだろうということはわかっていました。

「デブラをどのように説得して雇ってもらおうかしら？」

私の心の中はそのことでいっぱいでした。

ようやく、彼女にうんと言わせるプランを思いつきました。

セミナーの最後にデブラから配られた翌月のスケジュールの中に、ニューヨーク、ボストン、ワシントンDC、アイオワ州フェアフィールド、ロサンゼルスのセミナー日程が書かれていました。どうにかしてお金を集めてこれらの都市を回り、彼女のすべての講演の最前列に座って、私が本気だということを理解してもらおうと決めました。あと私に必要なのは、デブラを追いかけて全セミナーに参加するための資金だけでした。

その晩、私が以前頻繁に通っていたTM（超越瞑想）センターで、友人に会いました。彼女から、最近の私の様子を聞かれたので、私はこの地上での天命を見つけたことを大声で情熱的に語り、デブラの全セミナーに参加するつもりだと告げました。

翌晩も、TMセンターで彼女に会いました。瞑想を終えて私が立ち上がると、その友人はお財布を開いて新品の100ドル札10枚を私の頭に載せて、

「メリークリスマス！」

と言いました。

口を開けたまま、私の目からは涙があふれ出しました。私を信じてくれたことを彼女に心から感謝し、近い将来お返しをすることを約束しました。

その後、私はプランどおりに、街から街へとデブラのセミナーについて回りました。そして、ロサンゼルスの最終セミナーで、デブラは私のところにやってきて言いました。

「わかったわ。ずっと付きまとわれるくらいなら、活用したほうがいいわよね。あなたを雇うわ」

言うまでもなく興奮してワクワクした瞬間でした。これで夢への道を歩き出せると思い、私は有頂天でした。

そうしてデブラのセミナーに関わるようになり、やがて私はもっと大切なことに気がつきました。それが「パッションテスト」の誕生です。

第2章

パッションテスト誕生

私は目的のためにここに存在し、その目的は
山のように大きくなることであって、
砂の一粒のように縮まることではない。
これから、私は全力を尽くして
最高峰の山になることを目指し、
力尽きるまで、精一杯、
自分の可能性を広げる。

——オグ・マンディーノ

「どうやるか」より「何をやるか」

自分が大好きなこと、心から情熱があふれることを始めると、自分でも想像できない方向へと引き寄せられていくでしょう。

本書の前半では、パッションを明確にしてからジャネットの人生にもたらされた奇跡の物語を紹介していきます。

私たちは「どうやるか」というところで二の足を踏んでしまいがちです。

どう資金を調達するか？

どう時間を見つけるか？

どうスキルを身につけるか？

などなど。

けれども、**肝心なのは「どうやるか」ではなく、「何をやるか」**なのです。そして「あなたの本当のパッションは何か？」を明確にするお手伝いをするのが、本書の役割です。

ジャネットのインドへの旅のストーリーを紐解いていくうちに、どのように資金が現れて、どのように願望が形となって現れるかがわかるでしょう。

予測もできない幸運な出来事や、パッションに沿って生きる道のりに現れる不快な出来事が実は必然であるなど、天命に従う生き方がどのようなものかが、わかってくるでしょう。

大成功しているパワフルな人の共通点

そんなジャネットのストーリーとパッションテストの誕生の物語を見ていきましょう。

セミナー2日目に、デブラはアメリカで最も影響力があり経済的にも大成功している100人に関する調査結果について話しました。

大成功しているパワフルな人たちには一つ共通している点があるというのです。

「それが何だかわかる人はいるかしら?」

とデブラが質問しました。

参加者たちが思っていることをブツブツ言っていると、デブラは「そうじゃないわ」というふうに首を振っていました。

ずいぶん長い時間が経ってから、彼女はようやく話し始めました。

「調査でわかったのは、パワフルで成功している人たちは、自分の理想の人生のために最も必要だと感じる5つのことを完全に達成していたということよ」

このたった一つの発言で、私（ジャネット）の人生は永久に変わりました。ピンときたというか、まるで花火が上がったかのように私の心に火がついたのです。

デブラは、「自分がなりたいのは何なのか」「欲しいものは何なのか」を知ることの大切さを語り続けました。

「いったん目標を設定したら、あなたもパワフルで成功できるようになる。それほど容易なことだ」

そのあとも、成功するための装いなどについて彼女は話し続けていましたが、私は心の中でその調査結果について考えていました。

「はっきり言って、人がやらなければならないことは、自分の最も大事な『願望』を見つけ出すことだ」と私は思いました。

人生でどうしてもやりたい5つのことは何ですか？

ジャネットは帰宅すると、人生でどうしてもやりたいこと、なりたいこと、持ちたいものを、15項目リストアップしました。そして、そこから上位５項目を選び出しました。

①私は世界中で人々のやる気を高める、すばらしい講演家です。
②私は世界中をファーストクラスで旅しています。
③私はどこへ行っても女王様のように対応されます。
④私は人生のどんな場面でも愛を与え、そして受け取ります。
⑤私は意識の高いチームと一緒に働きます。

彼女独自のこのシンプルなプロセスが、「パッションテスト」として現在知られるようになったのです。

なぜ「やりたいこと」を行なうことが重要なのか？

パッションテストについてはこのあとでご紹介しますが、その前にまず、あなたが心からやりたいことを行なうことは、なぜ重要なのでしょうか？

次に紹介する私の友人のエピソードが、**自分が心から楽しめることを行なうことの大切**

さをうまく表現してくれています。

有名人たちのサインを集めていたある少女が、空港のロビーで搭乗待ちをしているときに、白いローブを着た小柄な男性のまわりに人だかりがあることに気がつきました。その人数の多さから、きっと有名人に違いないとその少女は思いました。そして、その集団のところに駆け寄り、そのうちの一人に誰だか尋ねると、

「ヒマラヤから来た偉大な聖者、マハリシ・マヘシ・ヨギだよ」

と教えてくれました。

彼女はワクワクしてマハリシのところに駆け寄り、即座にサインを求めました。すると彼はペンと紙を取り、まっすぐに少女の目を見つめて、

「サインよりも、もっとずっと大切なものを君にあげよう」

と言うと、マハリシは紙にひとこと書きました。

「楽しみなさい。」

マハリシがこの言葉に込めたメッセージは何だったのでしょうか？

人生の目的とは「楽しむこと」。**楽しんでいないときは、人生の流れからも、自分の目的からも外れているの**です。

では、自分の行いを楽しむことが、どうしてそんなに大切なのでしょうか？

過去・現在の偉人たちについて考えてみてください。その誰もが例外なく、自分の行いを愛しています。だからといって、人生が楽勝だったということではなく、**困難に直面しながらも、自分の行いを愛している**のです。

では、あなたの知っている人の中で本当に幸せだという人を思い浮かべてみてください。その人たちは、人生でやっていることを愛していませんか？

おそらく人生のいくつかの面では困難があるかもしれませんが、それでも人生を、日々の生活を、共に人生を歩んでいる人たちを愛しているのではないでしょうか？

私たちにとっては、その点は明らかです。どんな場面でも、**ゆるぎない成功を遂げるために、最も大切な前提条件は、自分の行いに対するパッションを持つこと**なのです。

パッションと楽しさの関係

では、パッションと楽しさはどのように関連しているのでしょうか？

パッションは、自身の内なる炎です。自分の根底にあるパッションにつながると、目的意識が生じます。その目的意識と、「自分の行いに対する愛情」が組み合わさることによって、自分を前進させてくれるのです。

楽しさとは、この目的意識と愛の組み合わせによって生じる感情です。

パッションテストを受けることにより、心底やりたいこと、あなたにとって最も大切なことが明確になります。そうすると、人生を最も楽しめるようになってきます。

パッションテストは、「システム」だからこそパワフルです。

システムは秩序をもたらし、時間とエネルギーを節約し、コストを削減します。結果を生み出すための手順と言えます。

パッションテストは、あなたの人生のミッションを発見する助けとなるシステムです。

あなたの目的は何でしょうか？

あなたの天命はどんなものでしょうか？

どんなに自分の時間を費やしても、遊びのように感じる仕事は何でしょうか？

パッションテストは、とてもシンプルですが、その結果は非常に深いものになるでしょう。自分にとって大切なことに優先順位をつけられるようになります。また現在、自分の障害になっているものを取り除くのに役立つでしょう。

パッションテストは、あなたの内なる生命に向き合い、焦点を当ててくれます。そうすることで、人生で最も大切なことを明確にしてくれます。

パッションテストは、心の奥に隠され、**「今こそ実現のタイミングだ」とあなたが言うのを待っていた、夢の扉を開く鍵**なのです。

第3章

さあ、パッションテストを受けてみよう！

神は私たち一人ひとりに「進軍命令」（生きる使命）を与えています。
私たちがこの世に生まれた目的は、使命を見つけ、実践することです。
使命の中に、私たちの生まれ持った才能が隠されています。

――セーレン・キェルケゴール

心に火をつけたフレーズ

２００３年、ジャネットは、自身のパッションを再度明確にするときが来たと感じていました。それまで、彼女はパッションテストをたくさん受けてきましたが、そのときは違っていました。自分の人生に深い影響を与えることになるであろう、何らかの感情が芽生えていたのでした。

自分が理想の人生を生きていると仮定して、そのときの自分自身にとって大切であろうことをリストアップしていると、一つの項目が彼女の目を引き付けました。

それは、「聖者と一緒に過ごしている」というフレーズでした。この短いフレーズが、彼女の心に火をつけたのです。

この考えに深く引き付けられる一方で、「でも、いったいどうしたら、そんなことが可能になるのかしら」と考えていました。

偉大な聖者は、大きな組織に所属し、たくさんの人から保護されていたり、ヒマラヤの奥地の洞穴でひっそりと暮らしたりしているわけです。

そこで、ジャネットは、まずインドに旅行することから始めたいと思いました。なぜなら、以前、そこで何人かの聖者と会ったことがあるからです。

しかし、それ以外には、自分のパッションを実現する手がかりは何もありませんでした。

「パッションテスト」2つのステップ

このジャネットのパッションがどのように実現したかをお話しする前に、まず実際に、あなたにパッションテストを受けてもらいたいと思います。

パッションテストには2つのステップがあります。

最初のステップでは、**自分のパッションをとにかくたくさん書き出します。**

次のステップでは、**書き出したパッションを重要なものから順に並び替えていきます。**

それでは最初のステップについて細かく説明していきます。

ステップ1

まず、**最低でも10個以上のパッションを書き出しましょう。**15個、それ以上多くても構いません。

その際、

「理想の人生を生きているとき、私は　　　　。」

の「私は」以降の空欄を埋めるように一文ずつ書いてください。

空欄部分には、理想の人生を生きているときに、自分が**「なっていること」「していること」「持っているもの」**を書いていきます。

参考までに、私たちの受講生のパッションを一部ご紹介しておきます。


「安心できる美しい家に住んでいる。」

「ミステリー小説を書いて成功している。」

「多くの植物と光に包まれた環境で働いている。」

「エネルギーや生命力にあふれた健康な身体を楽しんでいる。」

「自分が行なうことは何でも楽しんでいる。」

「家族と質の高い時間をたくさん過ごしている。」

「日常的にすばらしいセックスを楽しんでいる。」

「自分の価値観を共有できるサポートチームと働いている。」

このように、パッションは人それぞれ異なりますが、**自分が愛することや、自分自身の幸せにとって本当に大切なこと**を書き出していきます。

あなたが本当にやりたいことは何でしょうか？
どんな環境を望みますか？
どのような人たちと一緒に過ごしたいですか？
あなたの心に火をつけ、やる気にさせるものは何ですか？

こうした質問に対する答えが手がかりになるはずです。

また、

あなたが得意なことは何ですか？
よく人からほめられることは何ですか？
他の人たちよりも、うまくできることは何ですか？
あなたのユニークなスキルや才能は何ですか？

人は得意なことをするときは楽しんでいる傾向がありますので、**自分が好きなことや得意なことについて考える**のも、パッションを見つける手がかりになるでしょう。

自分の発想の殻を破る

パッションを書き出す際に、「どのように自分のパッションを実現するか」については考える必要はありません。**「どのように実現するか」は、パッションテストを終えた後に考えればよい**のです。

パッションを書き出す上で、多くの人にとって一番苦労するところは、**「自分の発想の殻を破ること」**だと思います。

多くの人は、実現方法がわからないパッションが思い浮かぶと、すぐにそのパッションを書くのをやめてしまいます（しかも、とても大切なパッションを！）。そして、簡単に達成できそうなパッションのみを書くのです。つまり、安全策を講じてしまうのです。

例えば、あなたのパッションが「世界的に有名なピアニストである」としましょう。あなたの現在の状況からは、実際に実現されることはありえないと思ってしまうかもしれません。そうした場合、あなたは安全策をとって、代わりに「ピアノを弾いている」と書いてしまうかもしれません。

ここで、あなたの心の声が聞こえるようです。「でも、どうやって世界的に有名なピアニストになれるかなんてわかりません」と。**大丈夫です。私たちを信じてください。**そんなことは関係ありません。**とにかく、自分が大事だと思ったことを書き出す**ようにしてください。

ここでよく考えていただきたいのです。こうした安全策を講じるような人は、人生をエネルギッシュに生きて、心から楽しんでいると思いますか？　そうではないですよね。常に安全な道を選択する人は、危険やリスクの伴うことや怖い思いをするようなことはいっさい何もしません。

例えば、職を探す際、家族的な雰囲気のベンチャー企業でストックオプションがついた成果報酬の給料で働くよりも、福利厚生がしっかりした安定企業で安めの給料で働くことを選択するでしょう。

常に安全な道を選択する人は、崖には近づきすぎないようにするでしょう。高飛び込みをすることもないでしょう。病気になるかもしれない地域に旅行をすることもないでしょう。価格を気にして自分が本当に住みたい家に住むこともないでしょう。小型飛行機で飛ぶこともないでしょうし、ハイスピードで車を運転することもないでしょう。

あなたは、本当にこうした人たちのようになりたいですか？

一方、いつも一瞬一瞬を精一杯生きている人たちがいます。

自分の夢を生きるためならいかなることでもする人になったら、どんな気分でしょうか？

自分の心からの望みを求めて、困難に喜んで立ち向かい、必要であればどこにでも行くような人生はどうでしょうか？

ここで勘違いしないでほしいことがあります。それは、私たちは何もあなたに、「準備ができていないのに山から飛び降りろ」と言っているわけではない、ということです。

ただ、私たちはあなたに、**「現実的な人生よりも、理想の人生について考える」ことの重要性**について知ってほしいだけなのです。

「どのように夢を実現するか」については後ほど述べますので、今は忘れても大丈夫です。

とにかく今は、**パッションテストを信じて、大きな発想で取り組んでみてください。**

あの超ベストセラー作家がパッションテストに挑戦

ここで参考までに、大きな発想で取り組む人物のストーリーを紹介します。

2年ほど前に、クリスと私（ジャネット）は、バンクーバーで開催されたハーブ・エッカーの「ウェルス&ウィズダム・セミナー」で講演をしていました。

私のすばらしき友人であり、仕事仲間でもある『こころのチキンスープ』の著者ジャック・キャンフィールドも特別スピーカーとして参加していました。

その当時、私は「パッションテスト」の電子書籍を書いていて、その中に引用できるようジャックにパッションテストを受けてもらいたいと思いました。

彼が滞在しているホテルに電話をかけ、「カリフォルニアに戻る前にパッションテストを受けてもらいたいから会いに行ってもいいか」と尋ねました。すると、「空港に向かうタクシーの到着を待っているところだから、タイミングが良くない」という返答でした。

「大丈夫。それなら、空港までお付き合いして、車中でテストしてもらってもいいかしら？」

と聞くと、

「君はクレイジーな赤毛だな。わかった。それでは、ロビーで」

とジャックは答えました。

あのときのケラケラ笑う彼の声は、今でも忘れられません。

空港への道すがら、パッションテストのやり方をジャックに説明すると、ジャックは1分ほどで、自分のパッションを15項目ほどさらっと列挙しました。

これぞ、自分のやりたいこと、なりたい自分がわかっている人という感じです。これには私は驚きませんでした。

なぜなら、彼の『こころのチキンスープ』シリーズは世界中で発売され、累計販売数が1億冊を超えていますから、ジャックはどこへ向かいたいのかを明確にわかっていて、問題なく大きな夢を描ける人だとわかっていたからです。

超ベストセラー作家のパッション内容、公開!

ここで、ジャックが当時書いたパッションを紹介します。

①多くの人の役に立っている。

②国際的な影響力を持っている。
③有名人としての地位を楽しんでいる。
④活力に満ちたチームの一員である。
⑤リーダーとしての役割を持っている。
⑥人々が自分のビジョンを生きることを手助けしている。
⑦大多数の聴衆にスピーチをしている。
⑧テレビを通じて影響力を持っている。
⑨億万長者である。
⑩世界的なサポートチームを持っている。
⑪たくさんの自由時間がある。
⑫多くの精神的指導者たちから学んでいる。
⑬精神的指導者たちのネットワークに参加している。
⑭自分の組織で認められたトレーナーたちの核となるグループをつくっている。
⑮とにかく楽しみまくっている！

次に、ジャックがパッションテストを受けた後の上位５つのパッションを紹介します。

①人々が自分のビジョンを生きることを手助けしている。
②活力に満ちたチームの一員である。
③多くの人の役に立っている。
④国際的な影響力を持っている。
⑤自分の組織で認められたトレーナーたちの核となるグループをつくっている。

私（ジャネット）にパッションテストのひらめきを与えてくれた調査対象の成功者たちのように、ジャックは、テスト後に、**自分のパッションの上位5つはすでに完全に実現し**ていると話してくれました。

けれども、一つだけ彼が驚いた点がありました。

パッションテストを受けてみると、6番目は「精神的指導者たちのネットワークに参加している」でした。彼にとって、それはとても大切なことでしたが、このパッションはまだ彼の人生ではまったく実現されていませんでした。「今すぐそれをやり始めるよ」とジャックは帰り際に言いました。

その後、ジャックは、世界中の１００人以上の講演家・著者・トレーナーが在籍するグループを創設しました。クリスと私はその創設メンバーの一員であることを誇りにしています。

ジャックは、パッションテストを受けて、その重要性に気づいてまもなく、このグループをつくったのです。

とにかく明確にする

さて、ジャックのテストに戻りましょう。何か気づきましたか？

彼のパッションのほとんどは、かなりスケールが大きいものです。テストをしたとき、彼はパッションを成し遂げられるのだろうかと心配していたでしょうか？

いいえ、まったくしていません。

次にご紹介する原則は、ジャックがテストを受けるずっと前に、すでに彼のＤＮＡに刻まれていました。

望むものが明確になれば、明確になった分だけ、自分の人生に現れてくる。

この反対もまた然りです。ぼんやりした願望には、ぼんやりした結果がついてくるのです。

本書の大半は、あなたが望むものを明確にすることに力を注いでいます。これから、あなたのパッションを明確にするためのたくさんのツールを紹介していきます。

パッションと目標の違い

あなたに書いてほしいのは、パッションであって、目標ではありません。パッションと目標は異なります。

パッションとは、「どのように人生を生きるか」です。**目標とは、「達成しようとしていること」**です。

例えば、ジャック・キャンフィールドのパッションは「億万長者である」です。ジャックはこのとき、まだ億万長者ではなかったにもかかわらず、彼のパッションは「億万長者である」と記述されています。一方、彼の目標は、「翌年200万ドルを稼ぐこと」でした。

別の例を見てみましょう。

「平和な人生を生きている」はパッションです。一方、「世界平和を創造すること」は目標です。

「地球から貧困をなくすための活動をしている」はパッションです。一方、「地球から貧困をなくすこと」は目標です。

違いがわかりましたか？　**パッションはプロセス**について述べています。**目標は結果**について述べています。

パッションと目標はどちらも重要です。そして、**最初のステップはまず自分のパッションを明確にする**ことです。

自分のパッションが明確であれば、自分のパッションに沿った目標をつくることができます。そして、自分にとって理想の人生を創造することができるようになるのです。

お金儲けはパッションか？

「お金儲け」をパッションとして挙げる人は多くいます。しかし、そうした人の中には、お金を儲けるためのプロセス（お金を儲けるために行なうこと）には、まったく興味をひかれない人たちがいます。

彼らは、サービスを行なうことや家族、自然の中にいることにはパッションがあるかもしれません。しかし、お金を儲けること自体が、彼らの心に火をつけ、やる気を引き出すわけではありません。

よくよく話を聞いてみると、彼らは、**自分のパッションを生きるための自由を感じる**ことさえできれば、必ずしも大金を持っているかどうかは気にならないということがわかりました。

つまり、彼らにとって**「お金を儲けること」は、他のパッションを実現するための手段に過ぎない**、ということです。

実際、自由を感じるために、大金を持つ必要はありません。

例えば、マザー・テレサは、大金を持っていたわけではありませんが、自身が本当にやりたいことを行なうのに十分な自由を感じていました。マハトマ・ガンジーやマーティン・ルーサー・キングも同様です。

一方、ベストセラー『ミリオネア・マインド』の著者、ハーブ・エッカーのように、「多くの人たちを助けたい」というパッションと同時に、大金を稼ぐことに対して燃えるようなパッションを持っている人たちもいます。こうした人たちがお金を儲けることは、何者にも止められないでしょう。なぜなら、彼らはお金を稼ぐことにとても集中しているため、お金を稼げないはずがないからです。

もし、**お金がもたらしてくれる安全や自由があなたにとって非常に大切なのであれば、ちゃんとそれは現れてくる**ので、心配しないでください。

富を築くことは、多くの人にとって習得可能なスキルです。そうしたスキルに、**時間とエネルギーとお金を投資し、自分のまわりに富を持っている人を増やしていけばよい**のです。

「書き出す」ときの５つの注意点

パッションを書き出すときには、次のことを心に留めてください。

①パッションテストに関して、人と相談するのはやめてください。パッションは自分自身の心に火をつけるものです。自分の内側に深く入り、自分にとって本当に大切なことを探りましょう。

②カップルで一緒にパッションテストを受けないようにしてください。このプロセスは自分自身で行なうものです。後日、もしあなたが望むのであれば、あなたのパッショ

ンをパートナーと共有してもよいでしょう。もし、どうしてもパートナーと一緒にやりたいのであれば、パートナーの選択に対して影響を与えようとするのはやめましょう。それはパートナーのパッションであり、パートナー自身が望む人生を送れることを望んであげてください。

③パッションテストは一気に終わらせてください。通常、20～30分程度で終わるはずです（もし自分自身のパッションについてまったく明確でない場合、もう少し長くかかるかもしれません）。

④静かで邪魔の入らない環境で行なってください。これは自分自身の内側に深く入り込むプロセスだからです。集中できなかったり、何か別のことに意識を向けている場合、パッションを書き出すのは難しくなります。

⑤パッションは短く明確な文で表現するようにしてください。複数のパッションを一文で言うのはやめましょう。例えば、「私は理想的な関係を楽しんでいて、ファーストクラスで世界を旅行し、海が見える美しい家に住んでいる」は、「私は理想的な関係を楽しんでいる」「私はファーストクラスで世界を旅行している」「私は海が見える美しい家に住んでいる」という3つの文に分けてください。

さあ、そろそろ、あなたのパッションを書き出すときが近づいてきました。

これは、あなたにとって最初のリストに過ぎません。私たちのアドバイスに沿って、**パッションテストを半年に１回受ければ、そのたびに自分のパッションはますます明確になっていきます**。

目を閉じて、自分にとっての理想の人生を思い浮かべてください。

そのとき、あなたは何をしているでしょうか？

誰と一緒にいるでしょうか？

どのように感じているでしょうか？

思いつくままに書き出してください。いったん書き終わったら、書き出したリストはしばらくそのままにしておいて、数時間後か翌日、次のステップ２に進んでください。

ステップ２

次のステップでは、**書き出したリストを自分にとって大切なものから順番に並び替えて**いきます。

「並び替え」の3つの手順

並び替えには、3つの手順があります。

(1)一番上と二番目のパッションを比較

まず、リストの一番上のパッションと、上から二番目のパッションを比較します。その際、自分自身に対して次の質問をしてください。

「どちらのパッションのほうが自分にとって大切か」

「どちらかしか選べないとしたら、どちらのほうを選ぶか」

もちろん、実際の人生では両方のパッションを選ぶことができます。しかし、片方しか選べないという設定にすることで、自分にとってより大切なものに気づきやすくなります。

(2)上から順にパッションを比較

この調子でリストの上から順番にパッションを比較していきます。

例えば、リストの一番上のパッション(①)と上から二番目のパッション(②)を比較して、②を選んだ場合、今度は②と上から三番目のパッション（③）を比較します。このときまた②を選んだ場合は、今度は②と上から四番目のパッション（④）を比較します。

このように、自分が選んだパッションと、リストの次のパッションを常に比較していきます。

リストの最後までいったら、**自分が最終的に選んだパッションに「一番」と記してください。**これが現時点であなたにとって一番大切なパッションです。

ここで気を付けていただきたいことが一つあります。もし、①と②を比較して①を選び、次に、①と③を比較して③を選んだ場合、③と②を比較する必要はありません。なぜなら、すでに①は②よりも大切であり、③は①よりも大切ですから、論理的に考えて、③は②よりも大切である、ということは比較しなくてもわかりますね。

（3）一番を除外して比較

次は、**二番目に大切なパッションを明確にする**ために、またリストの一番上から順番に比較していきますが、今度は、先ほど「一番」と記したパッションは除外して、比較してください。リストの最後までいったら、最終的に選んだパッションに「二番」と記し、また最初から最後まで比較するということを繰り返し、同様にして、「三番」「四番」「五番」

まで進めてください。

そうすると、自分にとって最も大切な5つのパッションが明確になっているはずです。

「並び替え」の5つの注意点

並び替えの際は、次のことを心に留めてください。

①もし迷って、**どちらのパッションのほうが大切であるかを決められない場合**は、自分自身に次の質問をしてみてください。

「パッションAを生きられるがパッションBをまったく生きられないのと、パッションBを生きられるがパッションAをまったく生きられないのとでは、どちらのほうが自分にとって大切だろうか？」

このように自分の選択を明確にすることで、深い洞察を得ることができます。

「両方とも同じくらい大切だ」とは言わないでください。私たちの経験上、このような場合は、ただ単に洞察が足りないだけです。より深く自分の内面を見つめてください。

②パッションは心から生じるものですから、頭でいろいろ考えて出した答えよりも、**「最初に心で思ったこと」のほうが真実に近い**ことが多いものです。

③自分に正直になりましょう。自分の選択が他人からはよく思われないような内容だったとしても気にしないでください。他人にこのリストを見せる必要はないのですから。

このリストは、**自分の心に火をつけるためのもの**です。自分が心から望んでいる人生を生きているとき、あなたは幸せで充実した人生を生きることができます。そして、あなたが幸せであればあるほど、あなたにとって大切な人から見て魅力的な存在となれるのです。

ある偉大な指導者はこう言いました。

「幸せは、花の香りのように広がり、多くのすばらしいことをあなたに引き寄せてくれるのだ」

④特定のパッションに対して、「これは自分にとって一番大切だから他と比べる必要はない」と決めつけ、**比較のプロセスを省略しない**でください。

私たちの受講生の多くが、この並び替えのプロセスを行なうことで、「当初一番大切だと思っていたパッションが、全然違う順番になった」という経験をしています。ですから、５つのパッションが明確になるまで、この比較のプロセスを続けてください。

⑤途中で自分の選択が変わっても気にしないでください。このプロセスを続けるにつれて、自分自身に対する理解が深まってきます。そうすると、自分の選択が途中で変わるということは十分起こり得ます。

神経学によって、人間が意識的に記憶できるのは一度に7つぐらいの塊の情報であることが明らかとなりました。

より多くの情報が脳に入ると、重要でないと思われる要素は除去されます。つまり、一度に多くの考えや願望・目標を抱えると、脳が「もうたくさんだ。こんなにたくさんのことに集中できないよ」と悲鳴を上げるわけです。

このような神経学的な見地から、パッションテストはきわめて重要であると言えます。

なぜなら、**自分にとって最も大切なことだけに集中することができるようになる**からです。

第4章

パッションを生きる

才能は生かすためにある。
生まれ持った才能を生かした人は、最高の幸福を感じることができる。
——ヨハン・ヴォルフガング・ゲーテ

甘くない現実の中での奇跡

「オッケー、私ならできるわ。私は人生の大半を、人とのネットワークづくりに費やしてきたのだから。私にとって、インタビューに応じてくれる聖者を探すのは、映画スターや有名人を探すのと難易度は変わらないわ。うーん、まず、彼らはどうしたら私に会いたいと思ってくれるかしら?」

私(ジャネット)は、ここ最近の一番のパッションについて思いを馳せながら、あれこれ考えてみました。

「あまりに非日常的なこの課題の、どこから始めたらいいかしら?」と私は思っていました。

あなたは、何らかの問題やチャレンジや状況に直面して、まったく右も左もわからないという経験はありますか?

考えれば考えるほど、余計わからなくなるのです。そこでしばらくこの問題を脇に置いて忘れることにしました。そんなある日、

「ジャネット、インドからすばらしい聖者がシカゴにやってくるの。雑誌に載せる

インタビューをするべきよ」

と友人が電話してきました。

それは、ひらめきの瞬間でした。

「それよ！　悟りを開いた聖者についての記事を書けば、やがて本にまとめられるし、聖者だってメッセージを人々に伝えるためにインタビューに応じたいと思うわよね。それ、すごくおもしろそうだわ！」

と私は思いました。

プランが徐々に浮かび上がってきました。

「インドに住んだことがあるか、頻繁に旅をしたことのある友人に連絡し、インドで最も崇拝されている聖者は誰だかリサーチして、どなたがインタビューに応じてくれるか調べよう」と考え、いいプランができました。そのために必要だったのは、ちょっとした導きだったのです。

さっそく、私はヴェーダ占星術の専門家であるビル・レヴァシーに電話をして、アドバイスを求めました。

「行くときは、必ずビデオカメラを持っていくといいよ。普通のカメラで大丈夫だから、聖者とのインタビューを記録しなさい」

と彼は応援してくれました。

私はまたピンとひらめきました。

「ドキュメンタリーを制作するわ！　それによって、昨今の世界情勢に対して何をすべきなのか、賢者たちの知恵を世界中に届けられるとしたら、それこそ意味のある仕事になるはずだわ」と。

私は賢者たちの足元に座っている自分の姿を想像して、天にも昇る気分になっていたのですが、突然、地上に引き戻されました。

「そんなことをするには、かなりのお金がかかるはずだわ。特に私の望むクラスの旅行をしようと思ったら。私のお金は全部ビジネスに投じているし……。旅費とか、必要な機材の費用とか、どうやって支払えばいいのかしら？」と、甘くない現実が行く手に現れました。

ジャネットは数カ月後に数十万ドルものお金を手に入れることになります。

その経緯については後ほどお話ししますが、この章では、あなたの**パッションスコア**と、**パッションカードのつくり方**について説明します。

パッションの内容は常に変わる

前章では、あなたの好きなもの、今あなたの人生で最も大切なものを５つ明らかにしてきました。

今後５つの内容が変わることがあるでしょうか？

もちろん、あります。

私たちは、６カ月に一度はパッションテストを受けています。なぜなら、**私たちは成長していくにつれて、より自分自身に対する理解が深まってくる**からです。

結婚や子どもの誕生など、新しい契機が訪れたら、新たなことを発見するでしょう。

人生は絶えず進化しています。進化をすれば、大切なものが何か、より明確になってきます。

例えば、クリスが初めてパッションテストを受けたとき、彼はコンサルティングや研修事業を行なう会社のシニア・エグゼクティブでした。

彼のパッションの一つは、「自分の時間を自分で決めている」でした。

現在、クリスのリストにそのパッションはありません。今、彼は自分の時間を完全にコントロールしていますが、そのことが関係しているかもしれません。

クリスの現在のリストを見ると、2番目に「自分のやることは何でも楽しんでいる」と書かれています。

これはどういう意味でしょうか?

クリスにとって「楽しむ」ということは、「自分の好きなことを好きなときに行なう自由を持つ」ということなのです。

現在のクリスのパッションの表現の仕方は、数年前のものとは異なります。彼の「自分の時間を自分で決めている」というパッションは、「自分のやることは何でも楽しんでいる」という、より深いパッションの一部であると気づいたのです。

自分を深く知れば知るほど、より完璧に自分の運命に沿った生き方ができるようになります。

ネガティブ思考を一瞬で消す言葉

これまでのところで、あなたは自分にとって本当に大切なこと、つまり、自分のパッションがわかりました。

次にもう一つ大切なことをお伝えします。それは、

「自分が注意を向けていることは、人生において実現されやすくなる」

ということです。

ペンシルバニア大学の神経科学者アンドリュー・ニューバーク博士とマーク・ウォルドマン博士は、脳内で起きていることについて、生理学的視点から次のように説明しています。

ある特定の思い込みについて、あなたが注意を向ければ向けるほど、脳内の神経結合が強化されます。

自分の人生のポジティブな側面にフォーカスをすれば、それらの神経経路が強化され、ポジティブな面がますます真実となっていきます。自分自身や周囲の環境についてネガティブな側面に注意を向ければ、同じように神経結合に影響します。そうしてネガティブな思い込みはあなたにとって、より真実となっていきます。

文字どおりに、あなたの内的世界で現実となり、そして、外的世界にも影響し始めます。

「人は一瞬一瞬、自分の人生を創造している」と言えます。誰もが皆同じです。私たちは皆、**自分の注意を向けた事柄の中から人生を創造しているの**です。そして、**自分が注意を向けたことを自分の人生に引き寄せている**のです。

もし、自分が持っていないもの、人生の問題点や、自分に起こっている悪い出来事に注意を向けていれば、あなたはもっとそれを創り出してしまいます。

もしもあなたがもっと問題や挑戦、不幸を望むのなら、そうしたことに注意を向けましょう。もしもあなたが人生の中で、もっとパッションや達成感、喜びを望むなら、そうした感情を創り出す物事に注意を向けましょう。

人は恐怖心から、自分の望んでいないことにフォーカスを向けがちです。

「お金が十分に得られないのではないか」とか、「病気や災害に巻き込まれるのではないか」と恐れます。

自分の望んでいないことにフォーカスしてしまうのは、一種の習慣です。

自分が何かネガティブなことにフォーカスしていると気づいたときは、「キャンセル」と口に出して、自分が創造したいことへ考えを移しましょう。

それではさっそく、それを試してみましょう。

まず本を置いて、**目を閉じてください**。

それから、あなたに**起こりうる不安な出来事をイメージしてみる**のです。

思い浮かんだら、「キャンセル」と口にして、それとは反対の出来事に注意を移します。

どうですか？　簡単でしょう？

あなたの人生も同じように簡単に変えることができます。

しばらくの間は、神経経路の影響で不安な考えはまた浮かんでくるでしょう。そのときはキャンセルを続けて、反対の考えに変換していきましょう。そのうちに新しい神経経路がつくられ、人生は変わっていくでしょう。

パッションスコアをつける

今から、自分がこれまで何に注意を向けてきたかを発見する簡単な方法を紹介します。

パッションテストでわかった**自分の上位５つのパッションに、それぞれ０点から10点までの点数をつけます。**

０点とは、自分の人生でそのパッションを全然生きていないという意味です。10点とは、そのパッションを完全に生きているという意味です。

さあ、今すぐ点数をつけてみましょう。

点数をつける中で、何か変化を感じられたでしょうか？

点数が低いパッションは、今までそれほど注意を向けていなかったということです。点数の高いパッションは、あなたがたくさんの注意を向けてきたということです。

もしかしたら、たくさん注意を向けてきたにもかかわらず、スコアが低いパッションがあるかもしれません。その場合は、自分が本当はどこに注意を向けていたのか、もう一度よく見てみてください。

例えば、あなたのパッションの1つが、「数百万ドルを動かすビジネスを所有している」だったとします。数年間ビジネスに打ち込んできたのに、なんとかやりくりして、食べていけるくらいだった場合、とても10点をつける気にはなれませんよね。

あなたは「今まで自分のビジネスに十分に注意を向けてきた、それでもなんとかやりくりできる程度だ」と言うかもしれません。

もう一度、あなたが本当はどこに注意を向けていたのか考えてください。

あなたが顧客に提供できる価値について、十分に注意を向けてきましたか？

あなたとビジネスができたことを喜んでもらえるように、お客様一人ひとりに誠実さと敬意を持って対応することにフォーカスしていましたか？

成功とあなたに流れてくる利益に注意を向けましたか？

それとも、あなたの注意は支払いをする請求書に向けていましたか？

理不尽な顧客に対してですか？

もしくは月末に残った金額がどれだけ少ないかですか？　どれだけ借金があるかですか？

「自分が注意を向けていることは、人生において実現されやすくなる」とは、大まかであいまいな方法で何かに注意を向けることによって、あなたの望むものが人生の中で実現されるという意味ではありません。

あなたが毎日、一瞬一瞬、絶えず注意を向けている事柄が、あなたの人生で創り出される事柄を左右する、ということです。

もしあなたが手に入れられないもの、できないことに注意を向けていたら、手に入れることもできないですし、やることもできないでしょう。もしあなたが利益や恩恵、そしてあなたの人生にもたらされる幸運に注意を向けていれば、あなたの人生の中でそれらのことがより多く現れてきます。

もしもあなたが自分に本当に正直であるならば、自分がどこに注意を向けているかが、自分の人生で経験する結果を創り出していることに気づくでしょう。

覚えておいてほしいことは、**「どこに自分の注意を向けるか」というのは習慣によるものだ**ということです。

新しい習慣をつくるには21日間かかるという研究結果がありますので、**21日間、新しい習慣を実行し続けることで、これまでの習慣を変えることができます。**

必要なのは、「変化を起こす」という意志だけです。

もし、自分の人生の問題点や困難な点ばかりを考えてしまう習慣を変えることが難しいなら、もう一つ有効なテクニックがあります。

ゴムバンドを用意して、毎日24時間、手首にはめてください。自分の人生で望んでいることを生み出さない考え方をしていることに気づいたら、**「ゴムバンドを手首から引っ張り、手にはじきます。**

アイタタ！

そうです、ゴムの痛みを感じるでしょう。その痛みがあなたのためにならない考え方を変える手助けになります。

この方法をしばらく続けてみてください。そうすれば、自分の人生で不幸や失敗を生み出す事柄に注意を向ける習慣を打ち破ることができるでしょう。

パッションカードのつくり方

これまでの話で、あなたは自分のパッションに注意を向けることを決心したことでしょうから、次に、**自分が望むことは何でも実現できる秘訣**を紹介します。

数年前、私たちがマーク・ビクター・ハンセンやロバート・アレンとパートナーシップを組んでいたときに、ジャネットはアリゾナ州のフォニックスにいました。有名な自己啓発界のトレーナー、ボブ・プロクターのイベントに参加していたのです。

「裕福になるのがどれほど簡単かご存じですか？　私は今４００ほどの収入源がありますけれど、それも皆この小さなカードのおかげです」

とボブは最初に言いました。

コートの中に手を入れて、カードを取り出し、それを聴衆に見せました。

「次のことに感謝し、幸せを感じています」

と書かれており、その次には、彼の最優先の上位5つの目標が書かれていました。

「脳はコンピューターのようなものだ」とボブは説明しました。脳にインプットされたものは、遅かれ早かれプリントアウトされるか何らかの形で宇宙に現れるものなのだ……。ほとんどの人たちは、自分が創造したいものではなく、自分に不足しているものに注意を向け過ぎるために、不足しているものが多くなっているのだ、と教えてくれました。

小さなカードを掲げて、ボブはこちらの笑みを誘うような笑顔を見せて、

「私にとって1日の最も大事な時間の一つは、この小さなカードを眺めるときなんだ」

と聴衆に語りました。

目標の書かれたその小さいカードが、1日に何度も目に留まるように、あちこちに置いてあるのだとボブは説明しました。一つの目標が達成したらすぐに、新しいものと入れ替えるのだそうです。

「それぐらい簡単なのさ」

とボブは言いました。

さあ、それでは、今からボブのアドバイスをあなたのパッションで実践しましょう。**名刺サイズのカードを用意**してください。次のように、あなたのパッションを書き出します（横書きがおすすめです。本書巻末に**「パッションカード」無料プレゼント**の案内があります。ぜひご覧ください）。

パッションテスト

日付：

自分の理想の人生を生きているとき、私は……

1.

2.

3.

4.

5.

以上、もしくは、より良い未来へ！

一番下の最後の一文「以上、もしくは、より良い未来へ！」とは、いったいどういう意味でしょう？

私たちの経験から言えるのは、もし私たちが心を開いて受け取りさえすれば、宇宙は私たちが考える以上に、私たちにとってより良いプランを用意しています。それが真実であるということを、後ほど、ジャネットがどうやって「聖者たちと過ごしている」というパッションを実現したかという例の中で説明します。

パッションを根付かせる方法

ここで、あなたに**情熱的な人生を保証する一つのルール**を紹介します。

「選択や決断やチャンスを目の前にしたときには、自分のパッションに沿って選択しなさい」

自分のパッションに沿って選択をするためには、選択するときに、自分のパッションを覚えていなければなりません。

そのためにパッションカードを持っておきます。

選択をする際にはパッションカードを見ます。名刺サイズのパッションカードを毎日何度も目にすることができる場所に配置します。

どの場所が良いでしょう？

◎毎朝一番に目に入るように、洗面所の鏡に貼っておく。
◎メールを作成するときに目に入るように、パソコンの近くに置いておく。
◎日中どこでも見られるように、財布の中に入れておく。
◎外出の際に目に入るように、車のダッシュボードの中に置いておく。
◎食事の準備や食品を取り出すときに目に入るように、冷蔵庫に貼っておく。

パッションカードを配置するのは、自分のパッションに簡単に注意を向けられるようにするためです。

カードの中身をじっくり見る必要はありません。集中する必要もありません。パッションを実現する方法を無理に考えたり、計画を立てる必要もありません（もっとも、そうした行動をとるのは悪いことではありません）。

大事なことは、**選択や決断やチャンスを目の前にしたときには、自分のパッションに沿って選択をする**ということです。

とにかく、自分のパッションが自分の中にしっかり根付くように、**1日の中で何度かパッションを読み上げる**ことが必要です。

自分の中にしっかり根付いていれば、選択をする際に、「これをすることで、自分のパッションに沿った人生を歩む助けになるかどうか」を自分に問いかけることができます。

パッションカードを書いて配置することは、自分のパッションを生きる最も重要な最初の一歩になります。

さあ、カードを配置してください。そして、自分の人生にもたらされる予想外のことをオープンな気持ちで受け取りましょう。

第5章

マーカーをつくろう！

自分のために立てた目標に向かって、大好きな仕事に全力で従事しているとき、
私たちは一番輝いていて、一番幸せである。
すばらしい仕事は、休暇を意味のあるものにし、安らかな眠りをもたらす。
そして、人生のすべてのものを、すばらしい、価値のあるものにする。

——アール・ナイチンゲール

2つの知らせ

◉電話したい相手から突然の電話

「サンタバーバラに4日間出かけるだけなのに、なんで大きなスーツケースを2つもパッキングしているんだい?」

とクリス。

「そうなのよ。おかしいわよね。何が必要なのか考えるのも疲れちゃって、どうでもいい感じだし、たくさんあればなんとかなるんじゃない? 何が起こるかわからないし。私が、チャンスがあればどこにでも飛んでいきたい質なのは、クリスも知っているでしょ?」

と私(ジャネット)は答えました。

私は、ジャック・キャンフィールドをはじめとする著名な作家や講演家たちの集うトランスフォーメーショナル・リーダーシップ会議のために、カリフォルニア州サンタバーバラへ出かけるところでした。

その滞在中、女友達のクリスチャンとも2～3日過ごし、ランチに出かけたときに、私はドキュメンタリー制作のプランを彼女に話しました。

「私、自分ではビデオカメラを扱ったことが一度もないから、撮影のために同行してくれるプロを雇いたいと思っているの」

と私。

「誰か、知っている人いるの？」

とクリスチャンが聞いてきました。

「ええ、一人とってもすてきな女性を知っているわ。何年か前に会ったジュリアン。彼女はハリウッドで制作か編集に携わっていると思うけど、もう2年ぐらい話してないのよね……」

と話していると、私の携帯電話が鳴りました。

「もしもし？」

「もしもし、ジャネット？　私はジュリアン・ジャヌスです」

私はあやうく携帯をサラダのお皿に落とすところでした。何年も連絡を取っていなかったのに、まさにクリスチャンに話をしていたそのときに、彼女のほうから電話をしてくるなんて、なんという偶然なのでしょうか？

「どうやって私の連絡先がわかったの？」

と私が聞くと、彼女はこう答えました。

「今、サンディエゴに向けて友人のステファニーとドライブ中なの。プリンスのコンサートに行くところなんだけど、お互いの人生について近況報告していたの。それで、ステファニーがインドに行くというから、『誰と？』と聞いたら、〝ジャネット・アットウッド〟と彼女が言ったの。それで、〝ジャネット・アットウッド〟なの！　私、彼女のこと大好きなの。今すぐ電話しましょうということになったの」

インド旅行への資金集めの方法を考えているときに、私はスピリチュアルスポットを訪ねる女性向けツアーを計画しました。そのツアー参加者として申し込んできたのがジュリアンの友達だったのです。

これは私の祈りに対する答えなのか、確かめるために聞いてみました。

「ねぇ、ジュリアン、あなたが今何をしているか知らないけど、私とインドに行って聖者を撮影してくれるなんて、ありえるかしら？」

その後わかったのですが、ジュリアンは現在の仕事の状況に嫌気がさしていたので、インド旅行はまさに求めていた冒険のように聞こえたようです。私は帰宅してから必要なプランについて連絡すると言って電話を切りました。

◉直感を信じた行動

サンタバーバラを発つ日の朝、まだカリフォルニアを出てはいけないというはっきりした直感を得ました。それで、サンディエゴに住んでいる弟のジョンに電話をかけ、義母マーギーと弟に会いに行くと告げたところ、

「今、マーギーは入院中なんだ。いや、たいしたことない。定期検査を受けているだけさ。今日、彼女は退院するし、きっと君に会えるのを喜ぶよ」

とジョンは言いました。

「わかったわ。そちらに向かうわね。Eメールの返信も溜まっているから途中で片付けられるし、楽しみだわ」

と言って、ジョンにマーギーが検査入院している病院の電話番号を教えてもらい話を終えました。マーギーに会いに行くことを事前に伝えようと思ったのです。

病院に電話をすると、なぜか担当医に回されました。私がマーギーの義理の娘であることを伝えると、医師が言いました。

「残念です。マーギーは末期ガンだと診断され、どんな治療も受けないと決断されました。私たちにはこれ以上何もできませんから、どなたかが迎えにいらして、すぐにご自宅にお連れする必要があります」

「どのくらい生きられるのですか？」

と、ショック状態の私は尋ねました。

「約5～6カ月です。あなたがお迎えにこられますか？」

と彼は答えました。

ある医師のマーカーづくり

人生、何が起こるかわからないものです。人は、今この瞬間に、自分に求められていることに対してオープンであり続けることしかできません。

物事がどうあるべきかという考えを手放して、目の前の出来事をただ受け入れるならば、それは神（言い換えると、自然との完璧な調和の力）の意思を受け入れることにつながります。

まさに、ジャネットはこのとおりに行動したわけです。そして、結果として信じられないような奇跡が彼女に起こるのですが、その話をする前に、あなたが自分のマーカーをつくれるようお手伝いします。

マーカーとは、パッションを生きる上での道しるべです。マーカーをつくることで、自分のパッションをより明確にすることができます。

本章ではマーカーのつくり方を説明していきますが、まず、パンカシュ・ナラム博士の具体例を紹介します。

パンカシュ・ナラム博士は有名なアーユルヴェーダ医師です。パンカシュは20歳の頃、(彼の言葉によると）無知であり、何も持っていない無名の人間でした。

あるとき、師匠から「自分の人生にとって最も大切なことは何か」と聞かれたパンカシュは、「世界で最も有名なアーユルヴェーダの医師となり、世界中の人がアーユルヴェーダの治療を受けられるようにすることです」と答えました。

師匠はパンカシュに「よろしい。では、それを書き出しなさい」と言いました。パンカシュはそのとおりにしました。

師匠はさらに、「後日、自分が夢を生きているかどうかを、どのように判断しますか」と尋ねました。

パンカシュは数分間考えてから、「私は少なくとも10万人の診察をしているでしょう。それから、マザー・テレサが私のクリニックに来て、私の働きを認めてくれるでしょう。ダライ・ラマの診察もしているでしょうし、世界中にアーユルヴェーダのセンターを開いていることでしょう」と言いました。

師匠はまた「よろしい。では、それを書き出しなさい」と言いました。

このとき、パンカシュは心の中で「果たして、（自分も含めて）こんなことを達成できる人なんて、世の中にいるのだろうか」と思いました。しかし、師匠を愛し尊敬していたため、言われたとおり、書き出しました。

その後20年以上かけて、パンカシュは世界12カ国にアーユルヴェーダのセンターを開き、40万人以上の診察を行なってきました。また、マザー・テレサがパンカシュのクリニックを訪れ、エイズに対する彼の優れた功績を称えました。さらに、ダライ・ラマの診察を依頼されるようにもなりました。

すべては、頭の中から始まる

それではいったい、どのようにしてこれらのことは実現されたのでしょうか。

人間によってつくられるすべてのものは、まず誰かの頭の中でつくられます。そして、それが世界に向かって示されるのです。

例えば、あなたが今いる部屋の中を見回してみてください。

照明は見えますか？

それは、トーマス・エジソンの電球が基になっています。それはハンフリー・デービーの「電気はフィラメントを熱し、光をつくるために利用できる」という考えが基になっています。そして、別の誰かが「この電球に合う、美しい照明をデザインしよう」と考え、また別の誰かが「どのようにこれらを多くつくり、多くの人に届けて利益を出すか」を考えたからこそ、その照明は今、あなたの部屋にあるのです。

このように、まず**単なるアイデアから始まったものが、やがて、人生において現実となるのです。**

ですから、もし、あなたが理想の人生を生きたいなら、まず**自分の夢を書き出し、それらを可能な限り明確にすることが大切**です。

インテンション（意図）とアテンション（注意）の力は、アイデアを形に変えてくれます。さらに、ノーテンション（柔軟）で進めば、すべてのプロセスが楽しいものになります。

今から、それぞれ詳しく説明していきます。

結果は常に意図と一致する

インテンション（意図）とは、意識的であれ無意識であれ、何を創造するか選択することです。私たちは皆、**自分の信念や考えに基づいて、絶えず、まわりの環境や状況を自らつくり出しています。**

多くの人は、自分が自ら人生を創造しているとは考えません。ですから、そうした人たちは、自分たちをまわりの環境や状況の被害者として考えがちです。

一方、成功者は違います。

成功者は自分が意識を向けているものから現実が創られることを知っていて、自分が望む現実を意図的に創り出しています。

それでは、自分のインテンション（意図）はいつでも現実となるのでしょうか。

自分のインテンション（意図）を明示し、結果が自分の思ったとおりにならないという経験をした人もいるでしょう。なぜ、そうしたことが起こるのでしょうか？

ここであなたに、**充実した人生を生きる秘訣**を伝えたいと思います。

それは、

「結果は、常に自分の本当のインテンション（意図）と一致する」

ということです。

常に、自分の内面の深いところで起こっていることが人生に現れてきます。

ですから、もし自分のインテンション（意図）に沿わない結果になった場合、それは、「自分の内面をより深く見つめるべきときである」と言えます。

大災害で、最終的に助かる人

ここで大嵐の中、洪水で身動きがとれない二人をイメージしてみてください。

一人（男性）は、自分が生き残ることだけに集中し、自らの命に迫る危険や恐れに全意識を向けています。彼にとっては、まわりの人がどうなろうが知ったことではありません。場合によっては、他人を犠牲にしてでも生き残ろうとするかもしれません。

もう一人（女性）は、まわりの人に愛を与え助けることに集中し、同じように困っている人たちに愛を示し、助ける方法に全意識を向けています。

災害の中、この二人はそれぞれ、どのような人生を経験すると思いますか？

最初の一人は、恐怖に満たされ、自分のことだけを考え、必死になって生き残ろうとするでしょう。

もう一人は、まわりの人を助けることに没頭し、まわりの人たちとの愛やつながりを経験することでしょう。危険に対する心配や苛立ちを感じることもありません。なぜなら、愛を与え、愛を受け取ることに集中しているからです。

彼女は助かるでしょうか？

彼女のような人でしたら、なんとしても助けようと思う人は多いのではないでしょうか。そして、彼女が助かるにしろ、助からないにしろ、結果はどうでしょうか。

彼女は癒しを分かち合っています。彼女は愛に包まれています。彼女は助け合っています。彼女は自分の肉体の生存を超えた、質の高い人生を楽しんでいるわけです。

ビジネスとインテンション

続いて、もっと一般的な例を紹介します。

数年前、私たちは友人と一緒にビジネスを立ち上げました。初年度1000万ドルの売上と200万ドルの利益を目標として掲げました。ですが、結果として1年後、100万ドルの売上と10万ドルの借金が残ってしまったのです。

私たちはインテンション（意図）を明確にしました。そして詳細な計画を立て、懸命に働いたにもかかわらず、何が間違っていたのでしょうか？

その後、当時を振り返ったときに気づいたのですが、私たちの本当のインテンション

（意図）は、ビジネスパートナーが求めていることに同意して喜んでもらうことだったのです。

「何か違うことを行なうべきなのでは？」と思ったことはたくさんありましたが、パートナーはその分野で私たちより多くの経験を積んでいると信じていたため、パートナーの言うことを鵜呑みにしてしまったのです。

短期的には、私たちがそのように接することで彼らは満足していましたが、最終的には、私たち皆が落胆する結果となってしまいました。

このように、結果は常に私たちの本当のインテンション（意図）と一致します。

ですから、もし、自分の内面の深いところで何が起こっているのかを知りたかったら、自分に起きた結果を見ればよいのです。

自分のインテンション（意図）に沿わない結果になっていると感じた場合、自分の本当のインテンション（意図）を注意深く見つけてください。そして、自分の本当のインテンション（意図）を変えることで、結果が変わってきます。

アテンション（注意）

アテンション（注意）とは、何らかの対象に対して意識を向けることです。私たちは皆、一瞬一瞬、何かに注意を向けて生きています。何に注意を向けて生きるかを意識的に変えると、人生が変わります。

しかし、**多くの人は自分が何に注意を向けているかを気にしていません**。単に習慣に流されて生きていると言えます。

例えば、朝起きた後、無意識に行動していることはありませんか？　職場に出かけるときに、自分がどうやってそこに行ったかを覚えていないにもかかわらず、気づいたら職場に着いていた、ということはありませんか？

それは、これまで同じ道を何度も通ったため習慣となり、まったく別のことを考えていたとしても到着できた、というわけです。

このように、**「人間は習慣の動物である」**ということを利用して、成功者の習慣を手に入れることもできます。

●成功者の習慣

◎自分の上位５つのパッションを毎日見直す時間をとる。
◎何かを決定する際に、自分のパッションに沿って決定する。
◎自分の人生に対して責任を持つ。
◎毎日、祈りや瞑想の時間を持つ。
◎定期的に運動する。
◎適度な休息をとる。
◎日常的に慈善事業へ寄付をする。
◎健康的な食事をする。
◎ポジティブな話をすることで、まわりの人のやる気を高める。

他にもいろいろな習慣が思いつくことでしょう。

新しい習慣をつくるには、21日間かかるという研究結果があります。すべてを一度に行おうとしないでください。

新しい習慣を一つ選び、それをマスターしてください。それができたら、次の習慣に進みましょう。

ここで、すでにお伝えした大切な一文を思い出してください。

「自分が注意を向けていることは、人生において実現されやすくなる」

「自分のインテンション（意図）に関連するすべてのものに注意を向ける」という習慣をつくってください。そして、**自分のインテンション（意図）とは関係しないことには注意を向けてはいけません。**

人生において善いことに注意を向け、対処しなければならない状況は対処し、自分のインテンション（意図）と無関係なことに頭を悩ませるのはやめてください。

残念なことに、**多くの人は自分の夢が叶わない理由に注意を向けています。**

なぜなら、「望むものが手に入らないのではないか」という恐れがあるからです。「自分は怠惰だ」と言って、夢に向かって進むことができない人たちがもしいたら、そんな方は、怠惰は内面深くに存在する「失敗に対する恐れ」を覆い隠すための仮面に過ぎない、ということを覚えておいてください。

恐怖を感じ、うまくいっていないことに注意を向けると、無気力と倦怠の気持ちが出てきます。そして、実際にうまくいかなくなってしまいます。

もちろん、「恐怖を感じない」人など存在しません。

では、恐怖を感じるとき、どのようにすればよいのでしょうか。

恐怖への対処法（正面アプローチ）

リストクルセード・ドットコムのテルマン・クヌドソンは、恐怖を目標達成の原動力に変えた人物です。

テルマンは27歳の頃、大量のメールアドレスリストを集める方法（ネット事業で成功する一つの秘訣）を人々に教える、インターネットマーケティング事業を始めました。当時、彼のオフィスは自宅のリビングルームにある小さな作業スペースに過ぎず、真夏の暑い中、ガタガタと音を立てるオンボロの扇風機が置いてあるだけでした。

テルマンは失敗するのを死ぬほど恐れていた一方、その挑戦に対してワクワクした気持ちも感じていました。テルマンは**恐怖ではなく、ワクワクする気持ちに注意を向けた**のです。

彼は60人以上のインターネットマーケターにメールを送りましたが、ほとんど返事はありませんでした。しかし、あきらめずに続けた結果、最終的にそのうちの何人かとパートナーシップを築くことができました。その結果、自分のサイトを立ち上げて最初の3カ月で2万5000以上のメールアドレスリストを集め、20万ドルの売上を達成し、2年以内に200万ドルの売上を手に入れました。

テルマンが成功した秘訣は、単に、恐怖ではなくワクワクする気持ちに注意を向けたことです。

恐怖への対処法（段階的アプローチ）

自分はテルマンのようにはなれないと思う方、恐怖で身動きがとれないという方は、**目標に対して、小さなステップを段階的に踏む**ようにしてください。

一つひとつの小さなステップがあなたの自信を高め、恐怖を弱めてくれます。そうすることで、**最終的に恐怖を乗り越え、得たい結果を手に入れられるようになります**。

一つひとつのステップで、自分がこれまで達成してきたことに注意を向けましょう。

脳は、「質問をされると答えを探す」という驚くべき機能を持っていますから、自分自身に次の質問をしてください。

「私のどんな点が、この目標達成を成功に導くのだろうか」と。

もし、自分に対してこのような質問をして、答えが思いつかない場合、あなたを大切にし、尊重してくれる友人に聞いてみてください。きっと、彼らは答えてくれるでしょう。

もし、自分自身の良い点が見つからないとしたら、自分を批判する習慣が身についているからです。

今こそ、そうした習慣を変えるときです。

習慣を変えるのに21日間はかかるという話をしたことを覚えていますか。21日間毎日、数分間の時間をとって、自分の良い点や評価できる点を書き出してください。

自分の強み、どれだけ自分が優れているか、そして、自分が目標を達成できる理由に注意を向けることで、恐怖心がなくなっていきます。そうすると、驚くほど簡単に、自分が望む結果が人生に現れ始めます。

ノーテンション（柔軟）

ノーテンション（柔軟）とは、まさに文字どおり、テンション（緊張）がないということです。

人は、どんな状況においても、自分が注意を向けていることを通じて、自分の世界を創造しています。そして、それをとても自然に行なっているのです。

あなたが何かに対して心からパッションを感じているとき、誰もあなたを止めることはできないでしょう。

自分をワクワクさせてくれるパッションを書き出し、達成可能な高い目標を設定し、自分の心の底から生じるビジョンを持てば、**自然と結果がついてきます**。

マーカーのつくり方

パンカシュ・ナラム博士は、最も有名なアーユルヴェーダ医師になってアーユルヴェーダを世界中に広めることにパッションを感じていました。そして、師匠の教えによって、自分がそのパッションを本当に生きているかどうかを判断するためのマーカー（道しるべ）を明確にしました。

当時のパンカシュにとって不可能と思えたようなことも、実際に**マーカーを書き出して（＝インテンション）、そのマーカーを常に心に留めておくことで**（＝アテンション）、過度にプレッシャーを感じることもなく、**それぞれ自然なタイミングで実現されたのです**（＝ノーテンション）。


それでは、今からあなたにも同じ機会を差し上げましょう。

白紙を一枚用意し、用紙の上部に自分のパッションの一つを書いてください。そして、3〜5個のマーカーを書きましょう。

マーカーとは「自分が十分にそのパッションを生きたときに、どんなことが起こるだろうか」という質問に対する答えです。

後日、そのマーカーが実際に実現されたら、「あっ、自分はちゃんとこのパッションを生きているんだな」ということがわかります。

マーカーを書き出す際には、「自分のマーカーがどのように実現されるか」は考えないでください。**とにかく、思いついたことを書き出すだけでよい**のです。

ここでマーカーの例を紹介します。

●例1

パッション：私は世界的に有名なピアニストです。

マーカー：

・私は世界中の首脳たちのために演奏している。

・私はニューヨーク・フィルハーモニックのオーケストラとともに演奏をしている。

・私はテレビの特集番組に出演している。
・私は演奏によって年間１００万ドル以上稼いでいる。

●例2

パッション：私は今を生き、直感を信じている。

マーカー：
・私は一緒に過ごしている一人ひとりに集中して接している。
・私は完璧な毎日を過ごし、苦労せずに日々が過ぎている。
・私は一瞬一瞬、自分にとってベストな選択を行なっている。
・他者が「あなたは自信に満ちあふれている」とか「あなたと一緒にいることはすばらしい」と語ってくれる。

さあ、それではあなたの番です。さっそく、用意した紙にマーカーを書き出してみてください。書き終えたら、その紙は次の章で使うので、とっておいてください。

第6章

夢を実現する

目の前の出来事に心を開いているとき、
すべての瞬間は天からの贈り物になる。
――ジャネット&クリス・アットウッド

予想外の展開

◉義母の最期を一緒に過ごすことへの想い

義母マーギーの世話をする人が必要だと聞いたとき、それは私（ジャネット）がやらなければならないことだと思いました。そこで、悟りを開いた聖者たちと過ごすという夢を脇に置いて、マーギーの家に住み始めました。彼女が、私の最優先のパッションになったのです。

それは、人生の中でも最もすてきな時間の一つでした。

マーギーの家に入った途端に、私の鼓動は高まりました。彼女の最期を共に過ごせる機会はギフト、贈り物だと私には明確にわかっていました。マーギーと私は共にたくさんのことを経験してきた仲なのです。

お世話させていただけることは光栄だし幸せだ、と告げたときの彼女の反応で、私は泣いてしまいました。

「まぁ、ジャネット、ありがとう。幸せだわ。あなたのお荷物になるんじゃないかと心配していたのよ」

家中に愛があふれていました。

その後1週間も経たないうちにマーギーの状態はひどく悪化してしまい、私はショックを隠せませんでした。医者が宣告した5~6カ月よりも、もっと早く亡くなってしまうのではないかと思いました。

私が到着してから5日目に、マーギーは穏やかに息を引き取りました。妹は海外にいたため、弟のジョンと私でマーギーの遺体や諸々のことを行ないました。

彼女が亡くなる前に、旅立った後に特別な式を執り行なってもいいか聞いておきました。私の精神的指導者から、魂が身体を出て行くのに何日もかかるので、スムーズに彼岸に渡れるように、友人や家族は亡くなった者の前で祈り、瞑想し、スピリチュアルな歌を歌ったり、書物を朗読するべきだと教えてもらったことも伝えました。それを聞いたマーギーは、とても喜び、亡くなった後にそうしてくれればありがたいと言っていました。

姪のトニアと私はマーギーをお風呂に入れ、彼女が大好きだった服に着替えさせました。近隣から集めてきたたくさんの花で頭からつま先まで覆い隠し、安らかな顔だけが輝いて見えるように飾りました。弟と私は、マーギーが大好きだった植物や写真を集めてきて彼女のまわりに並べました。それから、キャンドルを灯し、お香をたいて、彼女のために天界のような空間を創りました。

翌日瞑想し、祈り、スピリチュアルな文を朗読し、彼女の大好きな音楽をかけました。ゴルフが大好きだったから、TVをつけてトーナメントを大きなボリュームにして見せてあげようと弟が提案しました。

◉パッションが現実になりかけ始めた

マーギーが亡くなった二日後、長年インドに住んでいた友人の一人がEメールを送ってきました。今、偉大な聖者バプジが私のいるところから3時間ぐらいのオレンジ郡にいるから、ドキュメンタリーの件で会いにいくべきだという連絡でした。この友人は義母が亡くなったばかりとは知りませんでした。

そのときの状況を友人に伝えると、バプジの帰依者たちの電話番号を教えてくれました。「マーギーにもっと何をしてあげたらいいか、彼なら教えてくれるかもしれない」と私は思いました。

そしてバプジに電話をかけ、通訳を介して話をしました。そして、2〜3分話をしたところで、帰依者がこう言いました。

「明日あなたの義母に祝福を与えるために伺うからと、ババジがおっしゃっています」

私は、あまりに驚いて受話器を落としそうになりました。

翌日、約束の時間に車がやって来て、美しく年老いたインドの聖者が、ドーティと呼ばれる伝統的なインドの衣装をゆったりと身にまとい、腕にいっぱいのバラの花を抱えて降りてきました。彼に伴ってきた人たちはバスケットいっぱいの果物を運んできました。

ババジは、マーギーがいる部屋を見つけると微笑みました。私たちがこれまでマーギーをお世話してきたことに対して快く思ってくれているのだとわかりました。私と弟にバラを丁寧に一本ずつ渡すと、優しくマーギーの身体に並べさせました。それが終わると、ババジは黙って長い間、マーギーの横に立ち続けました。それから、弟と私に床に座るように言うと、ババジはその横でソファーに腰掛けました。それからの2時間ほど、彼は静かに私たちの頭を優しく撫でながら、愛を注いでくれました。

それが終わると、ババジは車のほうへ歩いていき、私と弟のほうを見て、

「なぜ私が来たかおわかりですか？」

とおっしゃいました。

「いいえ」と私。

「あなたのためではありません」

「そうでしょうとも」

と私が答えると、ババジは本当に慈愛に満ちた目と優しい声で、こう言いました。

「あなたがお義母様の話をされたとき、過去世で私の母だったかもしれないと感じるような非常に深いつながりを感じたから参りました」

悟りを得た聖者と一緒に過ごすという私のパッションが現実になり始めていました。それも、当初私がまったく想像もしていなかったような形で……。

「以上、もしくは、より良い未来へ！」を書く理由

マーギーの死はあまりにも突然で、また予想外の出来事だったので、ジャネットはたいへんな衝撃を受けました。そして、同じくらいの衝撃的なニュースをジャネットは次の週に兄から告げられました。マーギーは莫大な財産を残しており、ジャネットはすぐに大金を受け取ることになったのです。

ジャネットは突然、インド旅行に必要なお金がすべて手に入ったのです。それは、彼女の最愛の人からの贈り物でした。

パッションカードの一番下に「以上、もしくは、より良い未来へ！」と書く理由がおわかりになったでしょうか？

このジャネットの体験から、大切な秘訣がわかります。

それは、あなたのパッションが「何か」ということが明らかになっていても、**「どうやって」それが実現されるのかということは、まったく予測がつかない**ということです。

「待って。それって、ただの幸運な偶然でしょう？　私には大金を残してもうすぐ死んじゃいそうな金持ちの親戚なんていないわ！」というあなたからの反論が聞こえてきそうですね。

まさに、そこがポイントなのです！

あなたのパッションが「どうやって」実現するのかは、前もって推測することはできません。

ジャネット自身、マーギーが亡くなって大金を相続することなどまったく予想もしていませんでした。マーギーの死は、完全に想定外の出来事でしたから。

ジャネットは自分のパッションを実現するために必要なお金をどうやって工面するか、

まったく見当がつきませんでした。ジャネットがやったことは、「これが必要だ」という自分の考えに執着せず、**ただ目の前に起こるすべての出来事にオープンであり続ける**ことでした。

パッションを実現する方法はたくさんあります。私たちは今まで、何かを達成したいと思ったら、まず計画を立てて実行する、良い仕事をしたらその成果を受け取れる……と教わってきました。

その方法がうまくいくこともあるでしょう。しかし、完璧な計画を立てたのにもかかわらず、まったく期待どおりには進まないように見える場合もあります。そういうときは、「自分の夢を叶える方法はこれしかない」と考えていることが多いので、注意が必要です。必要なのは、オープンであり続けること（心を開くこと）です。

人生に起こる良い出来事は、自分が予想したとおりには起こらないものです。

自分が計画していないこと、期待していないこと、望んでいないこと……、そういうことが起きたときには、**自分の意思を手放してしまう**ことです。そして神の意思、**大いなる自然の力に委ねましょう**。あなたの人生がどう花開くか観察し、目の前に現れた出来事を受け取るのです。

ジャネットの義母が彼女の助けを必要としたとき、今は家族に愛と助けを与えるというパッションのほうが、聖者と一緒に時を過ごすことよりも大切であると気づいたのです。結果として、ジャネットがマーギーに注いだ愛がきっかけとなって、彼女に聖者との出会いがもたらされたのです。

ジャネットのインドでの信じられない冒険をお話しする前に、ビジョンボード、パッションページ、そして100歳のバースデースピーチのつくり方を説明しておきましょう！ジャネットの冒険も自分の一番好きなものを書き出すというシンプルなプロセスから生まれたのですから。

ビジョンボードに貼った家の写真

私たちの友人のジョン・アサラフは、カリフォルニア州サンディエゴ近郊の、6エーカーに及ぶ広大な土地で、320ものオレンジの果樹園に囲まれ、すばらしい眺望が広がる豪邸に住んでいます。彼は事業の成功により億万長者になりました。

何年も前、ジョンがインディアナに住んでいた頃、彼はビジョンボードを作成しました。**ビジョンボードとは、自分の人生で望んでいることに関する写真を、雑誌などから抜き出し、一枚のボードに貼り付けたもの**です。ジョンのビジョンボードの中の写真の一つが、彼の理想の家の写真でした。

　彼は自分の人生で望んでいるものを日々思い出せるように、ビジョンボードをオフィスに飾りました。２年後、彼はビジョンボードを外してしまい、その後は二度と見ることはありませんでした。

　その５年後、ジョンと家族は、今のサンディエゴの近郊の美しい家に引っ越してきました。引っ越し業者はビジョンボードが入った箱を運んできましたが、ジョンは後でオフィスで開けようと横に置いておきました。

　ある朝、彼の息子がオフィスを訪れて、封をされたままの箱に気づき、「お父さん、これは何？」と聞きました。

「それはビジョンボードだよ。お前が生まれるずっと前につくったんだ。いつか手に入れたいものが全部描いてあるんだ」

　ジョンは息子に見せようと、ビジョンボードを取り出しました。

　驚いたことに、何年も前に貼った写真の一つは、なんと、今、ジョンとその家族が住んでいる家の写真そのままだったのです。

　彼はビジョンボードのことはすっかり忘れてしまい、理想の家を購入するときには、かつて貼った写真の詳細な様子は忘れていました。しかし、どういうわけか、家を選ぶときに彼の脳が理想の家を引き寄せたのです。

ビジョンボードをつくろう！

ビジョンを描くときには、決して脳の力を過小評価しないでください。

それでは今から、ビジョンボードをつくって、あなたの理想の人生を踏み出しましょう！

ビジョンボードの土台には、**コルクボードを用意**しましょう。コルクボード以外にも、クリスは何度も貼り直しがしやすいように**大きな鏡**を利用しています。ジャネットはどこでも持ち歩いていつでも見られるように、**ノートに写真を貼っています**。自分の好みに合わせるとよいでしょう。

自分のパッションに関連する内容の雑誌を用意して、好きな写真を探しましょう。インターネットを利用して、必要な写真を探すこともできるでしょう。

なりたい自分、やりたいこと、ほしいもの……、**好きな写真を切り抜いてビジョンボードに貼ります**。そして、あなたが**毎日目にする場所にビジョンボードを貼ります**。

さあこれで、あなたが人生の中で望むものを表した写真が揃いました。

前にも紹介したキー・フレーズを覚えていますか？

「自分が注意を向けていることは、人生において実現されやすくなる」

ビジョンボードがあれば、あなたの夢に注意を向けることがより簡単になるでしょう。

パッションページをつくろう！

ビジョンボードの作成は楽しかったですか？

それとも、ビジョンボードの作成は後回しにして、そのまま本を読み進めていますか？

覚えていてください。パッションを生きて成功している人たちは、しっかりと時間をとって、自分の内面を見つめる作業に取り組んでいるのです。

友達とビジョンボードをつくる時間は本当に楽しいです。まだビジョンボードをつくっていない人は、仲間をたくさん集めてビジョンボードをつくる「ビジョンパーティ」を開きましょう！

さて、これまで4つのものを作成しました。

◎上位5つのパッション

◎パッションカード
◎マーカー
◎ビジョンボード

では、なぜこれらのものをつくったのでしょう?

それは、

「望むものが明確になれば、明確になった分だけ、自分の人生に現れてくる」

からですね。

パッションを生きると人生がどう変わるのか、以前よりもはっきりとしたイメージができてきたでしょうか。

では、次のステップ、パッションページへ進みましょう。

前章では、上位5つのパッションについて1ページ用意し、それぞれのマーカーを書き出しました。今度は**同じページに、そのパッションがあなたにとってどんな意味があるのか、数行の文章で表現**していきます。

目を閉じてください。あなたが完全に一番目のパッションを生きているとしたら、どういう生活を送っているか、想像してみましょう。

どんな感じがしますか？

そのパッションを十分に生きているとき、あなたの毎日はどのように変わりますか？

あなたのまわりの人との関わり方には何か変化はありませんか？

そのパッションはあなたの人生にどのような影響を与えますか？

一つ目のパッションを十分に生きたときの生活がはっきりとイメージできたら、それを書き出してみましょう。


さあ、今すぐ始めてください。


上位5つのパッションについて、それぞれ1ページずつ書けたら、少し休憩しましょう。しばらく経ってから、もしくは翌日でも構いませんが、もう一度声に出して読み返してみてください。どういうふうに感じますか？

すべてのパッションについて読んでみてください。

それぞれのページを最後まで読んだら、ひと休みして、目を閉じ、今パッションページで読んだとおりの人生を鮮明にイメージしてみてください。

どう感じますか？

なぜ人生が想像しているよりも必ず良くなるのか？

人生は、まず頭の中で創り出され、その後に現実となります。

あなたの人生は、あなたが今描いたとおりになるのでしょうか？

いいえ！　あなたの人生はさらに良くなるのです。

パッションページを書くことで、自分のビジョンがより鮮明になり、そのことで刺激を受け、自分が想像もしていなかった場所へ、自分の心が導かれていきます。

あなたの人生は、今、想像しているよりも、必ず良くなります。

なぜなら、今、あなたは自分の望む人生を意識し始めたからです。あなたの将来は、今後の経験による、自分の進化と成長の結果です。

「こうあるべきだ」という自分自身の考えにとらわれているとき、人生は悪くなっているように見えます。自分がベストだと思う方法に世界を従わせようとして、もしもそれが叶わなかったとき、何が起こるでしょう？　そう、自分が苦しくなるのです。

人生に起こるすべての出来事は、自分が成長するために起きています。私たちの日常生活も含めた森羅万象、あらゆる出来事は、自分の本質をより深く知るため、あなたを助けるようにできているのです。

現実と戦おうとすると、必ず負けてしまいます。人生のすべての場面は自分の本質をもっと理解するために起こっている——。そう気づいたときに初めて、人生は良くなるのです。

今、人生に起きていることに心を開いているとき、そして**「こうあるべき」という自分の考えから解放されたとき、あなたは奇跡が起こるチャンスを創り出すことができる**でしょう。

100歳のバースデー

さあ、あなたの人生のすべての要素をかき集めて、一つの大きなビジョンを描きましょう。

これからあなたの**100歳の誕生日にタイムトラベル**をして、あなたの人生を振り返っていきます。

想像してください。100歳の誕生日に家族や友達がみんな、あなたのところに集まっています。そして、あなたのパートナーもしくは親友が、長い人生の中であなたの残した功績を称えるスピーチをしています。そのスピーチを今、書いてみましょう。

あなたの人生で残した偉業は何でしょう？

まわりの人にどんな人だったと覚えていてもらいたいですか？

100歳のバースデースピーチでは、これまでにつくったパッションのリスト、マーカー、ビジョンボード、パッションページなどを参考にして、**あなたがどういう人生を生きてきたのかを要約**します。100歳のバースデースピーチには、今まで書いてきたすべてのことが凝縮されるでしょう。

スピーチを書くときは、第三者になりきって書きます。あなたの親友もしくはパートナーはあなたの人物像、あなたの人生、あなたが残した影響についてどういうふうにスピーチをするでしょうか？

さあリラックスして、どんな人生を歩みたいのか語ってみましょう。100歳の誕生日を迎えた自分を想像してみてください。


100歳のあなたが人生を振り返ったとき、どんな人生でしたか？

最高の瞬間を迎えたのはいつでしたか？

あなたが愛した人は誰でしょう？

あなたはどんな人たちに愛されたのでしょう？
あなたの人生で創造したものは何ですか？
あなたの人生はどんな教訓を残しましたか？
あなたのまわりの人は、あなたのどんなところに感謝しているでしょうか？

100歳のバースデースピーチはかなりの分量になります。あなたの全生涯で貢献したことを表現する内容になることでしょう。

ジャネットのバースデースピーチ

ここで、ジャネットの100歳の誕生日にクリスがジャネットについて語るスピーチの短い例を紹介します。

本日はジャネットのお祝いのためにアメリカの中心部、アイオワ州フェアフィールドへお越しくださりありがとうございます。この場所でジャネットは理想の生き方の模範を示し、あらゆる場所でたくさんの人々に影響を与えてきました。この美

しい女性の１００歳の誕生日をお祝いするために、５０００人以上もの人が集まったのも不思議ではありません。

今日お越しくださった方の多くは、ネパールのヒマラヤ山脈の山頂、ヨーロッパの都市、南アメリカ、オーストラリア、ニュージーランド、アジアそしてアフリカなど遠路はるばるお越しくださいました。ジャネットの人生は、情熱的に賢明な人生を生きると決意した私たちすべてに、インスピレーションを与えてくれました。

ジャネットは、「自分のパッションを生きると決意したとき、奇跡は何度でも起きる！」ということを彼女自身の体験を通して証明してくれました。彼女の書籍、ＴＶのレギュラー番組、映画、雑誌、ラジオ番組……、すべてにおいて一貫したテーマがあります。

それは「自分のパッションが、自分の運命のカギになる」ということです。

パッションを生きるとはどういうことか、彼女の人生そのものが表現しています。心から湧き出すパッションと彼女の美しい無限の愛からあふれる人柄が、何百万人もの人々の心を動かし、彼女のＴＶ番組は世界中で一番の視聴率を獲得しました。

そして、彼女の美しい愛にあふれる心は映画ファンの心もつかみました。世界中の聖者をそれぞれの国の一般家庭に連れていくという彼女の革新的なドキュメンタリー映画はアカデミー賞を獲得しました。

ジャネットを知る人は、親しみを込めて「ジャニーママ」と呼びます。それぞれの運命を見つけ、その使命に生きる方法を私たちに教えてくれたジャネットは、まさに大いなる母のような存在だからです。

彼女はビジネス面での成功だけでなく、慈善活動でも人々に啓発を与える存在でした。世界の人々の生活の質を上げるために、収入の90％を寄付したのです。

ジャネットは、予防医療プログラム、有機農業プログラム、教育プログラム、コミュニティ立案プログラム、科学研究プログラム、アートプログラム、そして人々の意識向上のためのプログラムなど多くの財団を設立し、年間数十億ドルを寄付しています。彼女の死後もずっと影響力を持ち続けるでしょう。

これは100歳のバースデースピーチの短い例です。**私たち一人ひとりがユニークな存在であることを忘れないでください。**

あなたのスピーチの参考にしてください！

あなたのパッションは、あなた独特の才能を表現するでしょう。

ですから、ジャネットやクリス、そして他のどんな人のスピーチとも違うものになるでしょう。

多くの人のスピーチは、ジャネットのように高尚な理想を掲げるものではなく、むしろ次のような内容に近いかもしれません（読みながら、自分自身のスピーチを考えてみてください）。

ジョンに関わるすべての人たちと、こうして一緒にいられることをたいへんうれしく思います。

ジョンの人生は愛にあふれたものでした。彼は家族を愛しました。彼は海を愛しました。彼は自然を愛しました。

彼は波止場で人々に会い、一緒に過ごす時間を愛しました。彼に出会った人は皆、素の自分を見せることができました。ジョンと話をすると、知らぬ間に自分の人生のストーリーを語っているのです。ジョンの不思議な力にかかると誰でも自分は特別な存在であり、生きる価値があると感じることができました。

彼の大きな愛情はあらゆる分野に及びました。過去に起きた大災害の際には、ジョンは被災地の真ん中に行き、20ドル札の束を配って回りました。ジョンは数多くの被災者への支援を見てきましたが、数ドルの現金を持っている安心感に勝るものはなかったからです。

ジョンの誠実さは言葉では言い表せません。ジョンは彼の人生を満たしてくれた美しい妻・アンや子どもたち、妹たち、そして友人たちを幾度となく全力で助けてきました。

ジョンはいつでも自分の心に従いました。彼は、海への愛情と、住む場所や収入源といったニーズを一致させる方法を見つけました。

彼は数年間、ボートの上で生活したのです。彼はまだ使える古い壊れたボートを発掘する才能があり、お客様のために掘り出し物をたくさんつくりました。そうやって大好きなボートを修理して立派に生計を立てていました。

ジョンが自分の家族やたくさんの友達、愛する人々に囲まれているのも不思議ではありません。

自分の天賦の才能を書き出す

100歳のバースデースピーチは、あなたがこの世に生まれた理由を表現する絶好のチャンスです。

あなたが世の中に対して、過去に貢献したこと、今貢献していること、そしてこれからもあなたが貢献を続けること……、そうした**天賦の才能について描写してみましょう。**

書き出してみて、どう感じるか見てみてください。

さあ、さっそく始めましょう！

本書に書かれているすべての演習には、ある一つの目的があります。それは、あなたが人生で望むものを明確にすることです。

100歳のバースデースピーチは、未来のことについて書いているように見えますが、そうではありません。

あなたの実際の100歳の誕生日は、今書いたものとは違うものになるでしょう。あなたが書いたのは、未来のことではありません。なぜなら、未来がどうなるのかを知る方法はないからです。**今日書いたものは、あなたの今の考えや感情**なのです。

このプロセスによって、あなたはさらなる喜び、豊かさ、成功、平安、楽しみ、望むことは、**何でも引き寄せることができる**のです。

予想した未来が具体的にどう現実として現れてくるかは、人生の醍醐味の一つです。ですから、何かを書いたり引用したりするときには、**最後に必ず「以上、もしくは、より良い未来へ！」と書き足す**のです。

2003年にパッションテストを受けたとき、ジャネットは聖者と一緒の時間を過ごすという望みを書きましたが、そのときは「より良い」の意味することがまったく想像つきませんでした。

なんと驚くべき出来事が、ジャネットを待っていました！

第7章

世界は私のあり方を映し出す

生きる理由を持っている人は、どんなことにも耐えることができる。

——フリードリヒ・ニーチェ

古いものはジャマになる

◉インドでの火事

インド旅行への金銭面での問題が解決し、あとは詳細を決めるだけになりました。ジュリアンと再び連絡を取って、必要な撮影機材を注文してもらいました。

それから、持ち前のネットワーク力を生かして、インドやネパールの聖者を紹介してくれそうな友人たちにコンタクトを取り、何人もの精神的指導者とのインタビューの許可を得ることができました。

インドに到着し、最初に訪れたのは西部の小さな村。義母の彼岸への旅立ちを祝福してくれた聖者、バプジの出身地です。彼は、リンチと呼ばれるアーメダバード郊外の田舎の村の家に私たちをゲストとして招いてくれました。彼以外に家族は16人。息子たち、複数の妻たち、子どもたち、そして家族ぐるみの友人たちがバプジの家で幸せに暮らしていました。

とても素朴でしたが、美しくきちんと片付いた家でした。バプジは、私とジュリアンに1室を寝室に、もう1室を瞑想に使いなさいと、最上階にある2部屋を用意してくれました。

バプジの家に着いた翌朝、4時半に私は目覚めました。ジュリアンはまだ寝ていたので、私は一人で瞑想をしようと思いました。隣室へ行き、テーブルらしきものの上にキャンドルを置き、そこで瞑想を始めました。

しばらくしてから、ジュリアンが起きる物音が聞こえたので、「おはよう」を言いに寝室へ戻りました。二人でベッドに座り、ほとんど英語の話せない人たちばかりという普段とは違う環境の中にいるのに、なんて自然なんだと思わず笑ってしまいました。

そんなおしゃべりをしていると、突然、煙の匂いがしてきました。瞑想室を覗きに行くと、部屋が炎で包み込まれているではありませんか。

「たいへん！　火事だわ！」

混乱したまま、私は行動を起こしました。すぐに、浴室に置いてあった2つの水の入ったバケツを思い出しました。2階は水道が通っていないのです。

バプジの家を焼いてしまったらどうしようと思うと怖くなって、ジュリアンに向かって叫びました。

「今すぐバケツを持ってこないと！」

二人で浴室に駆け込み、水の入ったバケツをつかんで瞑想室へ戻り、燃えているものすべてに水をぶちまけました。炎は部屋の一面の壁を包み込んでいたのです。

「ババジの家を焼失してしまうなんてありえない！」

私は寝室に駆け込むと枕をつかみました。「燃えている部屋から出ないと死んでしまうわ」とジュリアンが叫ぶ中、私は「奇跡が起きますように」と祈りながら枕で炎と必死に闘いました。

煙に巻かれている私を見て驚いたジュリアンは、みんなの命を心配して、思いっきり大きな声で叫びました。

「火事！　火事よ！」

と英語で……。

言葉の意味がわからないババジの息子たちを起こすには少し時間がかかりました。彼らがやっと叫び声の意味を理解すると、皆がバケツを次々に運んできてくれて、そのおかげで火はすぐに消し止められました。

◉「愛を実際に行動に表すこと」のお手本

バプジと家族は、真っ先に私とジュリアンに「ケガはないか」と心配して駆け寄ってきました。自分たちの家や持ち物が焼失することなど気にもせずに、私たちのことを心配してくれたのです。その様子を、私ははっきりと覚えています。

私たち二人の安全が確認されて初めて、彼らは部屋のダメージの状態を見に行きました。部屋の一つの壁一面と、家族の所有物が入った大きなスーツケース８個がダメになっていました。私は申し訳ない気持ちでいっぱいでした。

バプジと家族は、何度も何度も私とジュリアンが大丈夫か確認してくれて、大丈夫だとわかると、家中に笑い声が響きました。

私とジュリアンは、何がおかしいのか皆目見当もつかないまま、ポカンと口を開けた状態でした。すると、バプジが私たちのところへ歩いてきて、

「気にしないでくださいね。これは神の恵みだったのです」

と言うと笑いながら歩いて行きました。他の人たちも一様に笑顔でバプジに同意しているではありませんか。涙がぼろぼろこぼれました。

「この人たちは、いったいどういう人たちなの？」

と私はジュリアンのほうを向いて言いました。

愛を実際に行動に表すことがどんなことなのか、見せてもらえたことを本当にあ

りがたいと思いました。私がバプジの家を焼失してしまうところだったにもかかわらず、彼らから私に投げられた言葉は、「あなたは大丈夫？」と「神の恵み」だったのです。

自分の持ち物が煙となって消えてしまったことを、どうして神の恵みだなんて言えるのでしょうか。

バプジと家族は、「新しいものが生まれるとき、古いものは壊されるべきだ」と考えていました。なぜなら、**人生は常に進化しており、古いものに固執することは、新しいものが入ってくるのに邪魔になる**からです。

バプジと家族は、神は最良で全能であり、すべての創造と破壊の行為は、神の行為だと見なしていました。神の行為はすべて神の恵みだとわかっているので、彼らには**被害者になるという発想がまったくない**のです。

インドとネパールにおけるジャネットの冒険が始まりました。

パッションを生きる上で役立つツール

ここで、パッションを生きる上で役に立つツールを紹介しましょう。

私たちはパッションテストで何千人もの方たちをコーチングする中で、**「自分はパッションを実現できる」と信じることができない人は、セルフイメージ（自己評価）が低い**ということがわかりました。

自分のことが好きでない人に対して、その人がどれだけ美しいか、すばらしいか、そして、あなたがどれだけその人を愛しているか、ということを一生懸命に伝えたとしても、まったく聞く耳を持ってくれない……という経験はありませんか？

セルフイメージの低い人は「自分には価値がないので、自分の夢を叶えることは不可能だ」と信じているのです。

前の章で、自分のパッションが「何か」をはっきりさせたら、「どうやって」そのパッションを実現させるのかという秘訣をお伝えすることを約束しました。

ジャネットがインドへ行く方法をいくつも考え出したのを覚えているでしょうか。

振り返ってみると、実際に行った方法は、彼女が自分ではまったく思いもよらなかった方法でした。

パッションを生きる方法は、**あなたのハイヤーセルフ（高次の自分）とともに自然法則の流れに身を委ねた先にあります。**

この章では、ハイヤーセルフとつながるために私たちが発見した強力なツールと本質的な基本原則をお伝えします。

ハイヤーセルフとは、あなたの夢の達成を可能にし、あなたに備わっているすべての才能を開花させるものです。

セルフイメージを変える「感謝ゲーム」

私（ジャネット）は、長年セルフイメージの低さに苦しんできました。

理由を語ることもできますが、むしろここでは積極的な精神で、私の友人のマリー・ダイアモンドが数年前に紹介してくれたツールを紹介したいと思います。**このツールは私のセルフイメージを変える大きな助けになりました。**

私とクリスはこれを「感謝ゲーム」と呼んでいます。

毎日その日一日にやったことを振り返り、自分自身に感謝する事柄を見つけます。どんなに小さく見えることでも構いません。この演習はどんなことであれ、自分に対して感謝できることを見つけるために行ないます。

最初、この演習はあまり簡単ではありませんでした。演習をやり始めるとすぐに、自分が被害者のように感じるときは、いつも何らかのメリットがあることに気づいたのです。

どうして自分に感謝することができず、その代わりに自分は「価値がない」とか、「無能である」とか、「愛されない」と感じるほうを選ぶのか、その理由を探すうちにおもしろいことに気づきました。

私が発見した「被害者でいること」のメリットは以下のようなものです。

被害者でいると、

①人々の注目を集めることができる。
②彼らの同情を得られる。
③あきらめることができる。

などなど……。

本当に怖いことだと思いませんか？

感謝ゲームを始めたりやめたりを何度も繰り返して、やっと私は自分のセルフイメージの低さに依存する状態を抜け出すことができました。

そうすると、その後は自分のパッションや達成してきたことに注意を向けられるようになりました。

私のセミナーでは、このポイントの重要性を説明するために、マーク・ビクター・ハンセンとボブ・アレンが教えてくれたボウリングチームの実験を紹介しています。

ボウリングチームAは、ゲームの終了後に、自分たちが失敗した箇所だけを編集したビデオを渡されます。ボウリングチームBは、ゲームの終了後に、自分たちのベストパフォーマンスだけを編集したビデオを見せられます。どちらのチームもビデオを研究して自分たちのゲームを上達させるようにと言われます。

二つのチームが再度ゲームをしたとき、結果はどうなったでしょう?

どちらのチームも上達はします。しかし、自分たちのベストパフォーマンスにフォーカスしたチームのほうがはるかに上達したのです。

ポイントがおわかりいただけたでしょうか?

自分がやった正しいこと、うまくいったところ、自分がよくできたことに注目しましょう。そうすれば、自分の間違いを直そうとするよりも、より早く、より大きく上達していけるはずです。

「感謝ゲーム」のやり方

さて、感謝ゲームの話に戻りましょう。このゲームは、あなた一人で行なうこともできますし、あなたのパートナーと一緒に行なうこともできます。愛し合い尊敬し合うパートナーと一緒にゲームをすると本当に楽しいですよ。

一人で行なう場合、一日の終わりか朝の初めにゆっくりと自分に向き合います。**自分に感謝できること、その日成し遂げたこと、その日自分の生活で勝ちとった成功を少なくとも10個以上書き出します。** 前日に書いたことを繰り返してはいけません。

感謝ゲームを毎日行なって、自分自身に対する感情がどう変わっていくのかを確かめてみてください。

感謝ゲームを行なうことで、自分自身の存在そのもののすばらしさや、自分がこれまでとってきた行動の良かった点が見えてきます。さらに、**夢の実現の妨げとなっていた自虐的な発言が変わっていきます。**

もしパートナーと感謝ゲームを行なう場合、楽しむために交代でやりましょう。まず相手に対して感謝していることを見つけ、相手に伝えます。次は交代をして、相手があなたに感謝していることや好きなことをあなたに伝えます。

これを10回続けます。

その次はそれぞれ自分のことについて一つ感謝していることを言います。今まで出てきた内容を繰り返してはいけません。

感謝ゲームをやってみて、自分自身とパートナーに対してどう感じるか試してみましょう。

パッションを生きるための7つの基本原則

人間は他の動物とは違い、高度な行動指針に沿って生活することができます。私たちは、パッションを生きる上で必要な基本原則を見つけました。それをご紹介しましょう。

①決断する

決断しなければ、何も起こりません。パッションを生きるためには、「自分のパッションに沿った選択をする」という揺るぎない決断が何よりも大切です。

毎日、自分の大好きなことよりも、他のことをやるように頼まれることがあるでしょう。

そうした場合でも、自分のパッションを選び続けましょう。そして次の文章のように、愛想よく「ノー」と断ることを学びましょう。

「声をかけてくださってありがとう。（そして）、今はそれをできません」

ここで注意してほしいのは、**「でも」ではなく「そして」を使う**ことです。「でも」という言葉はあなたと他の人を引き離しますが、「そして」という言葉はあなたと他の人をつなぎます。

場面によって適切な言葉を使ってください。覚えておいてほしいのは、最初に感謝や愛、理解、相手を尊重するメッセージを伝え、そのあとに自分の要求を伝えることです。

また、決断したことを貫くと同時に、柔軟性も持ちましょう。

②明確にする

望むものが明確になれば、明確になった分だけ、自分の人生に現れてきます。**望みがあいまいでは、あいまいな結果しか得られません。**

本書で紹介したツールなどを利用して、自分の人生の中で実現したいことを、楽しみながら徹底的に明確にしていきましょう。**６カ月に一度はパッションテストを受け**、少なくとも**１年に一度はマーカーとパッションページを見直しましょう。**

③注意を向ける

自分が注意を向けていることは、人生において実現されやすくなります。

以前にもお伝えした言葉ですが、あなたのDNAに埋め込まれるまで何度でも繰り返します。**自分が望むことに対して毎日注意を払いましょう。**注意を向けていれば、物事を達成するために必要なすべての人物や場所、物を引き寄せるでしょう。

自分の人生に流れ込む良い出来事にフォーカスを変えましょう。そして、自分の人生がどう変わっていくか観察してみてください。

④心を開く

自分にとって一番良いものは、自分が思ったとおりのものではないかもしれません。たとえ「こうあるべきだ」という自分の考えとは違っていたとしても、**目の前に起こるすべてのことに心を開いているとき、自分個人の意思から自由になり、神の意思に心を開いていると言えます。**これこそが天命を生きるための道筋です。

これが人生に起こる障害を乗り越える秘訣でもあります。たとえ災難に襲われたとしても、自分が心を開いていれば、そこに意味を見いだし、チャンスを生かすことができるのです。

ジャネットは、心を開き柔軟に対応したことで、マーギーとの幸せな時間を過ごせただけでなく、バプジに出会い、彼を家に招くことができたのです。

⑤誠実である

他人に対するときと同じように、**自分自身に対しても誠実でいましょう。**そして、自分自身に対するときと同じように、**他人に対しても誠実でいましょう。**

私たちが直面する最大のチャレンジは、他人への責任と自分のパッションを両立させることです。

他人と約束をするときは、それが自分のパッションと両立できることかを確認しましょう。**一度約束をしたことは必ず守ります。**もし何か不都合があった場合は、相手と話をして、約束を変更できないかを尋ねます。もしも相手がそれを望まない場合や、必要な変更ができない場合は、不愉快であっても、あなたが最初にした約束を守りましょう。

これを何度か繰り返すうちに、あなたは自分がする約束に慎重になるでしょう。

自分自身への約束も同じです。自分に約束したときは、他人への約束と同じように尊重しましょう。他人に約束したときと同じように、状況が変わったときは自ら変更をお願いすることもあるでしょう。

ジャネットがマーギーの要求を無視して、「ごめんなさい。私は聖者と会うと決めたから、助けることはできないわ」と断っていたら、ジャネットは自分自身に正直だったとは言えないでしょう。そのときは、マーギーのお世話をすることが聖者と過ごすよりもずっと大切なことだったからです。自分の心に素直でいましょう。

⑥続ける

多くの人は旅を始めます。旅を終えられる人だけが、人生の成功を手に入れ、充実感を得られます。

ナポレオン・ヒルは、著書『思考は現実化する』の中で、金鉱採掘のために土地を買った男の話をしています。彼は巨大な鉱脈を発見し、金を掘るための機械を買いました。しかし、彼が大きな利益を得る前に、鉱脈は干上がってしまいました。彼は鉱脈をさらに掘りましたが、ついにあきらめてしまい、土地と機械を数百ドルで廃品回収業者に売ってしまったのです。

業者が専門家に相談したところ、前のオーナーは断層線の性質を理解していなかったために失敗したということがわかりました。新しいオーナーは、採掘を中断した場所のすぐ近くにまた金脈が見つかるという専門家のアドバイスに従いました。そして前のオーナーが採掘をやめた場所からわずか３フィート先に金脈を発見し、何百万ドルもの金を採掘したのです。

あなたが真にパッションに沿った人生を生きているとき、継続することは難しくありません。やめたくてもやめられないと感じるはずです。心の深い部分から湧き上がるパッションは、自分の意志とは関係なくあなたを突き動かすことでしょう。

⑦自分の心に従う

すべてがうまくいかないときは、自分の心に聞いてみましょう。

パッションは、頭ではなく、心から湧いてくるものです。混乱したり、見失ったり、どの方向に進めばいいのかわからないときは、散歩をして、自分の心の声を聞いてみましょう。自分の好きなことをやるのです。心が示す方向に従いましょう。そうすれば、人生の成功への道は自然とあなたの前に広がってくるでしょう。

パッションの力

「それで、旅行はどうだった？」

とクリスが尋ねると、

「もう最高。今までの人生で一番すばらしい体験だったわ」

とジャネットは答えました。

あなたの人生で一番すばらしい体験は、どのようなものになるでしょう？

あなたにもすばらしい体験を創り出す力があります。

人は一瞬一瞬、自分自身の人生を創造しているのです。

あなたにどれだけの力があるか、知りたいですか？

自分の人生を振り返ってみてください。

今日のあなたの人生は、今までのあなたが考えてきたことの集大成です。もし今の人生を変えたいのなら、自分の考えを変えましょう。そんなに長い時間がかかることではありません。

今、あなたが意識を向けたことは何ですか？

ジャネットの話から何を学びましたか？

パッションは、人生を変える力を持っています。一番深いパッションを発見したら、自分の本質的な部分とつながることができます。**パッションに沿って生きるとき、運命は自然と楽に花開いていきます。**

運命が花開いたら、喜びや幸福、充実感はどんどん広がっていきます。もちろん、時には不自由さや、抵抗、障害、不快なこともありますが、パッションを生きていると、そうした出来事が深刻ではなくなるのです。

これまで、自分の人生にとって大切なことやパッションを明確にするためのツールを紹介してきました。自分の夢の生活を実現するために、それらを明確にすることがどれほど重要かをわかっていただけたでしょうか。

次の章からは、実際にパッションを生きて変化した人たちの体験や知恵を紹介していきます。

ベンジャミン・フランクリンは、知恵を得ることについて次のように語っています。


――知恵を得るには、買うか借りるかの二つの方法がある。

買う方法を選べば、自分に必要なレッスンを学ぶためにすべてのお金と時間を使わなければならない。借りる方法を選べば、もうすでにそれを学ぶためのお金を支払った人たちのところに行き、彼らから知恵を得ればいい。

もうすでに代償を払った人たちから知恵を借りれば、自分の運命を実現するために近道をすることができます。

また、世界的に有名な人たちのインタビューも紹介しますので、彼らからパッションを生きるための知恵を借りてみましょう。

第8章

あなたは、あなたが思うようになる

思考と愛の組み合わせが、
引き寄せの法則を具現化する圧倒的な力を形成する。
——チャールズ・ハアネル

『ザ・シークレット』と「パッションテスト」の出会い

本書の冒頭で紹介した「望む未来を手に入れる3つのステップ」を覚えていますか?

「インテンション（意図）」「アテンション（注意）」「ノーテンション（柔軟）」

本書の前半は、主にインテンション（意図）を明確にするための内容でしたが、ここからは、アテンション（注意）についてお話しします。

『ザ・シークレット』が出版されてから、「引き寄せの法則」についてはあちこちで書かれ、話題になっています。

『ザ・シークレット』で語られていることは、まさに本書で言うところのアテンション（注意）を指しています。

意識を傾けるものが、人生に引き寄せられるのです。喜びや幸せや充実感に注意を向けると、そうしたことがさらに手に入ります。身のまわりのうまくいっていないことや、その不満の原因ばかりに注意を向けると、さらに不満がやってくるのです。

ここで、『ザ・シークレット』と私たちとの出会いについて話していきます。

ジャネットがインドを旅していた2005年6月27日、「ヘルシー・ウェルシー&ワイズ」誌の購読者ロンダ・バーンから連絡がありました。どこかで聞き覚えのある名前だと思ったら、私たちが開催しているセミナー「アライアンス・シークレット・プログラム」に参加申し込みをした人でした。

今となっては、ロンダ・バーンは『ザ・シークレット』の書籍とDVDのクリエイターとして世界中で知られています。

けれども、参加申し込みをしてきたときのロンダは、まだ無名の普通の人でした。彼女には、夢がありました。スキルや才能、夢に対する情熱もあり、ちょうどアクションを起こし始めたところだったのです。

「ヘルシー・ウェルシー&ワイズ」誌を発行しているパートナーのリックとリズに相談をして、ロンダに折り返し連絡をすることにしました。

「あら、クリス。連絡してくれてとてもうれしいわ。私はパッションテストが大好きです。実際、私のスタッフ全員にパッションテストを受けさせたのだけれど、本当にすごいわ！」

と彼女。

その電話の向こうの生き生きとして愛にあふれた声に惹かれない人はいないでしょう。話を進めていくうちに、ロンダは『ザ・シークレット』を制作するにあたり、どのように『ザ・シークレット』のノウハウを活用しているかを説明してくれました。

『ザ・シークレット』の一連の予告動画を制作し、オーストラリア最大のテレビネットワークの重役たちに送ったのだと彼女は言っていました。それを見て、招待されてスタジオに集まったテレビネットワークの重役たちに、初めて『ザ・シークレット』の内容が明かされました。この業界では今までにないやり方でした。その後、結局、オーストラリア最大のナイン・ネットワークが入札し、『ザ・シークレット』を放映する契約を果たしました。

クリスと電話で話したときは、彼女は、ちょうどアメリカに着いたばかりで、本編撮影をこれから始めるところだったわけです。

数日後にジャネットも交えて再度話をして、ロンダのプロジェクトを支援するためにできる限りのことをすることに同意しました。彼女は壮大なビジョンを持ち、謎めいた感じやワクワク感を創造する能力に長けていました。

彼女が最も必要としていた助けは、『ザ・シークレット』の原理を理解している指導者とのインタビューを手配することでした。私たちのパートナーのリックとリズもウェブ制作など技術面で協力をすることになり、彼女は非常に喜びました。

ジャネットと私は、さっそく、ロンダの映画に出演する指導者候補にコンタクトを取り始めました。その多くは「ヘルシー・ウェルシー＆ワイズ」誌で私たちがインタビューした面々でした。

2カ月後、私たちは『ザ・シークレット』の出演者52人中36人を彼女につなげることができました。ロンダのビジョンと映画に映し出された原理の有効性は、DVDや書籍が世界中でミリオンセラーになったことが証明していると言えるでしょう。

注意を向ける対象を選ぶのはあなた

『ザ・シークレット』が大成功した要因は何だったのでしょうか？

それは、ロンダの「アテンション（注意）」のパワーです。彼女は継続的に一貫して、望む未来に意識を向けていました。大きな困難に直面したときも、くよくよ悩みませんでした。**自分が人生で愛していること、喜びや情熱を感じることに注意を向け続けた**のです。

『ザ・シークレット』は、本書で伝えてきた原理を基本にしています。

「自分が注意を向けていることは、人生において実現されやすくなります」

何かを提示されたときは、自分が共鳴し、人生の発展を助けてくれる考えに注意を向けて実践してください。そして、経験から学んでください。

誰かがあなたにとって大切なモノや人のことを批判したり非難しているのを耳にしたとき、あなたには選択肢があります。

その人が言っているネガティブなことに焦点を当てることも可能ですし、逆の視点を持つことも可能なわけです。

このアテンション（注意）の力は、人間関係、特に愛する人との関係に、劇的な変化をもたらします。

ここでジャネットの友人の例を紹介しましょう。

◉散財家のパートナーを持つ女性

親友の一人が、結婚する数カ月前にフィアンセのことを心配して、私（ジャネット）のところにやってきました。

「ピーターは、お金の管理がからっきしわかっていないの。私が頑張って働いて貯めたお金を彼に預けたら、あっという間になくなってしまうのではないかと、不安でいっぱいなのよ」

とジョディが打ち明けました。

「彼は衝動的に買い物するし、どんなものにでもお金を使ってしまうの。月末に請求が来るということにもお構いなしで、支払うお金がなくなったりしているわ。だけど、彼をとても愛しているの」

と彼女は涙ながらに訴えました。

「でも、彼のような金銭感覚の持ち主と生活する自信がないの」

とジョディ。

かなり落ち込んでいる彼女を見るのは忍びなかったのですが、実はピーターは私の親友の一人でもありました。できるならば、二人の間に立つようなことはしたくありませんでした。

そこで、ジョディの親友として、とにかく、よき聞き役に徹しようと決めました。30分ほど経つと、彼女は「話してすっきりした」と言いました。私がアドバイスをしなくても彼女は満足だったのです。

「話を聞いてくれてありがとう、ジャネット。家に帰って、自分で答えを考えるわ」

とジョディは言いました。

「自分の心に方向性を聞けば、答えが出てくるということはわかっているの。いつもそうだから」

◉金銭感覚のズレている彼にしたこと

それから3カ月後、ジョディからウキウキした声の電話がかかってきました。

「すばらしい知らせがあるから、あなたに伝えたい」と言うのです。そこで彼女に会いに行くと、内側から輝く彼女がそこにいました。今まで見たこともないくらいに……。

「ピーターが、金銭感覚をすっかり改めたの」

と彼女が話し始めました。

「ジョディ、それはすばらしいわ。どうしてそんなにあっという間に？」

「このお金の問題に関して、ピーターが非難されているような気分にならないように、どうしたら彼をサポートできるか考え続けたの。そして、ある日答えがわかったわ。前の奥さんみたいに死ぬほど愚痴を言って彼を追い詰める代わりに、その反対のことをすると決めたのよ。そして、あなたって、なんて経済観念がすばらしいのかしらと素直に心から話せる機会をうかがっていたの。

それで、彼がお金に関して責任感を持って計画的に扱えたときはいつでも、大げさなぐらい褒めて、『こういう人なら私の世話を任せられる』と言ったの。

最初は、彼自身信じられなかったみたいだけれど、私が何度も続けていたら、褒めるたびにピーターの顔がパッと明るくなったし、ジャネット、嘘じゃなくて、その度に彼はぐんぐん成長したの」

「それは本当にすごいことね、ジョディ。すばらしいわ！」

とジョディに告げたあと、私はこう言いました。

「一つ質問してもいいかしら？」

「もちろんよ」

「ピーターがあなたのお金を使い込んでしまったときはどうしたの？　だって、一夜にして大変身を遂げたわけではないでしょ？　そこの部分はどのように乗り越えたの？」

とジョディの答えが聞きたくてうずうずしながら聞きました。

すると、彼女は私の目をまっすぐに見て言いました。

「ただ黙っていた。それは大変なことだったけど、ひと言も言わずに、ただ黙っていたわ。

ジャネット、黙っているということは今までで一番大変なことだった。彼の不注意や配慮のなさに腹を立てても叫べないから、気がおかしくなりそうになったことも何度かあったのよ。それでも、過去にやっていたのとは違い、愚痴を言うのを抑えると、毎回うまくいったのよ。だからピーターもわたしも、みんなハッピーってわけ。

だから、ここで私が勝ち取ったことは、ピーターの金銭感覚が１００％変わったことだけではなくて、私の幸福度まで上がったことになるわ。それ以来、私たちはもうラブラブ。計画どおりに結婚もするの。来てくれるでしょう？」

「ジョディ、絶対行くわよ」

人生で経験することには、すべて何らかのメリットがあることに気づくと、もう何にも抗わなくてもいい、守りに入らなくてもいいということがわかるでしょう。

それだけではなく、あなたが予想だにしなかった形で、必要なリソースや人があなたに引き寄せられてくることに気がつくはずです。

それでは、さらに深いレベルへと学びを進めましょう。

ジャネットは、ヒマラヤの奥地にあるガンジス川のほとりに住むナニ・マーという美しい聖者に出会いました。彼女はもう山にこもって35年。真実を追求する旅に人生を捧げています。ナニ・マーが「引き寄せの法則」などについて語ってくれたことを紹介します。

聖者ナニ・マーが説く「引き寄せの法則」

私（ジャネット）がナニ・マーのことを知ったのは、すてきな友人クリシュナを通してでした。クリシュナは、聖者のそばにいるという目的のためだけに1年に2～3回ほどインドへ旅行をしていました。その彼に、私は誰に会うべきか聞くと、ナニ・マーの名が上位に出てきました。

ナニ・マーに対する私の最初のリアクションは驚きでした。想定していたのとは違い、インドではなく、イギリス出身だったのです。

それでも、クリシュナが私を彼女のもとに送った理由は、彼女に会って数分もしないうちに理解できました。ナニ・マーは、それまで訪ねた聖者たちと同じ、すばらしい独特の輝きをまとっていたのです。

深い瞑想と禁欲生活に身を捧げた人生を送りながら、彼女は純粋な知識と愛を体現していました。私は彼女に、「引き寄せの法則」と、「どうしたらすばらしい人生を創造できるか」について話してほしいとお願いしました。それに対する彼女の答えは深いものでした。

「人生で欲しいものが何であっても、それを創造する方法は他の人にそれを与えることです。お金や夫や子どもが欲しいと思うこともありますが、本当に欲しいものは幸福以外にありません。他のモノを求めるのは皆、幸福のためだけです。

幸せを得る方法は、あなたの欲しいものを与えることです。人生というのは鏡のようなもの。あなたが何をしようとも、あなたはそれを受け取るでしょう。

ですから、幸福を受け取りたいのであれば、幸福を与えなければなりません。愛を受け取りたいならば、愛を与えなければなりません。尊敬されたいならば、尊敬しなければなりません。

愛を受け取り、人生で幸せに成功するためには、**オープンでなければなりません。**自分の心を開きさえすれば、すべては流れ込んでくるでしょう。

人生で欲しいものを引き寄せるために、引き寄せの法則を利用するためには、完全に決意しなければなりません。欲しいもの、それが愛でも幸福でも、それに対してコミットしなければならないのです。ということは、それらを**あなたが与えることに対して、コミッ**

トしなければならない、ということです。

心を決めていないと、混乱してしまいます。散漫になるのです。それが何であれ、焦点が絞られているところにパワーが注がれるということはわかっていますね。

散漫になっていると、パワーがなく、すべてがバラバラになってしまいます。何かに揺るぎなさや確かさを求めるならば、うまくいってほしいと願うのであれば、まず覚悟を決めてコミットしなければならないのです」

パッションは社会貢献につながる

ナニ・マーの話を聞きながら、パッションに沿って生きていくうちに、「多くの人たちが人のために働きたいという強い衝動を抱くのはなぜなのか」聞いてみたくなりました。

私の場合、ホームレスの女性たちや非行少年少女たちのための支援プロジェクトに引き寄せられる感覚がありました。ビジネスにおいては、顧客のニーズをちゃんと満たしているときにのみ成功があります。

私は、「なぜパッションを生きていると、誰かのために何かをするということが重要に思えるのでしょうか？」と質問しました。

「人のために働くとき、私たちは自分のことを忘れ、自分という枠の外に出ていきます。人生が惨めになるのは、自分という枠、つまり自我に溺れてしまっているからです。

人のために尽くしているとき、私たちは自分のちっぽけな人格を忘れることがよくあります。ちっぽけな人格が惨めさをもたらすのです。

人のために働いているとき、自我の枠が外れます。そして、内面の光が放たれ、ありのままの自分が輝き、神が輝きます。それが幸福というものです。

悟りを開いた人たちの心はもうすでに開かれています。もう自我にとらわれていません。こういう人たちはすでに至福の中にいます。**自身が幸せに満ちた人たちは、他の人のために尽くすことができる**のです。

彼らは慈愛を感じ、すでに神に近づいています。人生の中で獲得しなければならないものはもうないのですが、身体を持っていますから、他の人たちを助けるために命を使うのです。

神は森羅万象に宿るということを理解していない人たちを助けるために――。人生に喜びのない人、苦しみを抱えている人たちを助けるために。

悟りを開いた人たちが苦しむ人たちを悲しみから出してあげたいと願うのは当然です。

悟りを開いた人は、すでにすべてのものを人生で手に入れているので、そうあるのがまったく自然なことなのですよ」

誰もが求めているもの

ナニ・マーと過ごせる時間も終わりに近づいた頃、「私たちの生命が深いレベルで結びついていること」と「引き寄せの法則」との関係性を知りたくなりました。

「私たちのちっぽけな自我を忘れて、他の人を愛し始めると、愛を受け取るようになります。それは、私たちが求めることですね。愛を受け取り、そして与えるとき、私たちは生命の連なりを理解します。その生命の連なりを深く掘り下げていくと、それがワンネスという調和になります。

私たちは皆同じものが必要で、同じものを求めます。そして、この引き寄せの法則は愛を基にしています。

物質的なものを引き寄せるということを話しているのではなく、人間が本当に欲しいもの、人間が本当に必要としているもの、調和し、誰かと共にいるということを引き寄せているということを話しているのです。

他のものはとても表面的です。それは、深い河に浮かぶ小さな棒きれみたいなものですね。その深い河というのは、私たちのワンネスに通じるお互いの間に感じる愛であり、調和のことです。深く入れば入るほど、私たちはよりしっかりとつながり合います。表面にふわふわ浮いていると、あれやこれや欲しくなり、本当に欲しいものが何だかわからなくなるのです。

『これが欲しい』とか『あれが欲しい』と思うとき、もっと深いところに入り、本当に欲しいモノが何かを探すべきです。

そうすれば、**私たちが本当に欲しいものは幸福と愛**だということがわかるでしょう。

それを見つけるために、与えなければなりません。それを与えるとき、私たちは人と人とを隔てている障壁を壊すのです。そうすると、そこにあるのは生命の連なりだけであり、他に何もないということがわかります」

第9章

コントロールを宇宙に委ねる

できることをすべて行ない、
宇宙に身を委ねたときに、
驚くべきことが起こります。

――デビー・フォード

パッションから行動へ

さあ、いよいよパッションを基に、実際に行動を起こすときが近づいてきました。具体的にどんな行動をとればよいのか悩んだら、次の演習を行なってみてください。

まずは、**自分のパッションやマーカーに沿った生き方を可能にするためのアクションを、思いつくままに、とにかくたくさん書き出しましょう。**仲の良い友達と一緒にできれば、グループのブレイン・ストーミングになって、よりいっそうおもしろいかもしれません。

考えつくだけのアクションをすべて出し切ったら、パッションテストと似たプロセスを行ないます。各アクションをその他すべてのアクションと比較してください。

パッションテストでは、「どちらのパッションのほうが自分にとって大切なのか」という質問をしますが、このプロセスでは違う質問をします。

この時点で大事な課題は、**最初に実行すべきことを明確にする**ことです。

そこで、**「どちらのアクションを先にやるのか」と質問していきます。**

パッションテストのときと同様に、選択した項目と他の項目を順に比較していき、一番先に実行するものが見つかるまで続けます。

例えば、もし、あなたのパッションが「子どもたちと相互に尊敬し合える深い関係性を持っている」であり、アクション・リストが次のような場合です。

①子どもたちの関心とニーズに焦点を当てる。
②家族全員をすばらしい冒険に連れて行く。
③子どもたち全員を大学に進学させるための貯金をする。
④サポートが必要なときに子どものそばに寄り添う。
⑤毎週、子どもたちと一緒に時間を過ごす。

この場合の最初の質問は、

「子どもたちの関心やニーズに焦点を当てることと、家族全員をすばらしい冒険に連れて行くことでは、どちらを先にやりますか？」

となります。

仮に、その答えが「子どもたちの関心やニーズに焦点を当てる」だったとします。

次の質問は、

「子どもたちの関心やニーズに焦点を当てることと、子どもたち全員を大学に進学させるための貯金をすることでは、どちらを先にやりますか？」

となります。

その答えが①であった場合、次のように聞きます。

「子どもたちの関心やニーズに焦点を当てることと、サポートが必要なときに子どものそばに寄り添うことでは、どちらを先にやりますか？」

その答えとして、「サポートが必要なときに子どものそばに寄り添う」を選ぶとしましょう。

そうすると、④が次の項目と比較する対象になります。

次に、「サポートが必要なときに子どものそばに寄り添うことと、毎週、子どもたちと一緒に時間を過ごすことでは、どちらを先にやりますか？」と聞きます。

ここでは、仮に「サポートが必要なときに子どものそばに寄り添うこと」と答えたとします。そうすると、それがアクション・リストの一番になります。

すでに気づいていると思いますが、いったんこの④を選択したら、もう②または③と比較する必要はありません。パッションテストのときと同様に、**新しい項目を選んだときに、それまで比較してきた項目に戻って比較する必要はない**のです。

この演習を終了するために、あなたのリスト全体をあと4回チェックし、**最初に行なう**

5つのアクションの優先順位を明確にしてください。

その後、**各アクションに関して、アクションを実行するためのプランを書きましょう。**実行するアクション手順は箇条書きリストでも、アクションを実践していくために必要なことが順序立てて記述された1ページの文章でも構いません。

自然ガイドシステム

アクションを起こすことで、あなたのアテンション（注意）はパッションの実現へ向けられます。つまり、アクションがあるから注意が向けられるのです。

ほぼどんな場合でも、**望ましい結果を生み出していくのは、アクション・プランではありません**（そのように見えるかもしれませんが……）。

もしもアクション・プランが結果を創り出しているならば、あなたが計画したとおりにすべてのことが起こるでしょう。

アクション・プランは、インテンション（意図）の実現に注意を向けさせるためにあります。そして、それがどのように結実するかがわからないのが人生の醍醐味です。

ですから、**心をオープンにし続けることが大切**なのです。思ったとおりに進むことなどほとんどないと言っていいでしょう。その現実的な例として、本書ではジャネットの冒険ストーリーをシェアしました。

ここで一つの知恵をご紹介します。

「自然のメッセージに耳を傾けていると、進むべき道をガイドしてくれるでしょう」

人生は、喜びと充実感に向かってどんどん進む「宇宙ハイウェイ」のようなものです。不幸なことに、ほとんどの現代人は、おもちゃのミニカーがレーシングコースから外れて、壁にぶつかってもなお、コースに戻る代わりに、壁を通り抜けようと必死になっているような生き方をしています。

自然は、収縮と拡張という私たちの内的な感覚によって導いてくれます。これがピンと来るように詳しく説明しましょう。

真っ白い紙を用意してください。紙の最上部に「自然ガイドシステム」と書いてください。

そして、紙の真ん中に縦線を引きます。紙の上部には「喜びと充実感」と書き、下部には「惨めさと苦しみ」と書きます。

自然ガイドシステム

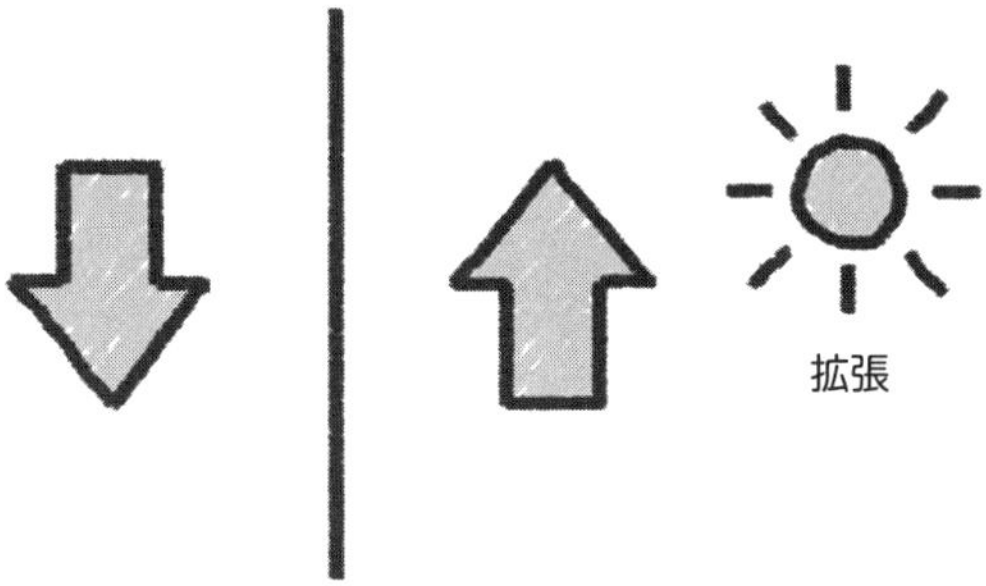

紙の右側に上向きの矢印を描いて、「拡張」と書き、左側に下向きの矢印を描いて、「収縮」と書きます。

収縮しているときがどんな感じかわかりますよね？

動揺、怒り、不安、緊張、イライラ、孤立、不幸、落ち込みなどです。一般的に、収縮は不快な感じがします。

一方、拡張しているときは、幸せ、やる気、ワクワク、オープン、つながり、愛情、寛容、優しい、慈愛がある感じがします。快い感覚です。

では、その紙の**「拡張」という言葉のそばに青信号、「収縮」のそばに赤信号を描いてください**。色鉛筆がないときは、青信号の代わりに丸とまわりに放射状の線を太陽のように描き、赤信号の代わりに丸の中を塗りつぶしてください。

拡張した感じがするときは、適切な方向に進んでいるので「先へ進め、アクションを起こせ」と自然ガイドが伝えてくれています。

一方、収縮を感じているときは、止まれ、休め、見直せ、振り返れと自然ガイドが教えてくれているのです。

収縮を感じているときは、「気楽にいこう。自分に優しくしよう。一歩下がって、現状を見つめてみよう」と自然ガイドが伝えてくれていると覚えておきましょう。

「自然ガイドシステム」の使い方

さて、「インテンション（意図）」「アテンション（注意）」「ノーテンション（柔軟）」を覚えていますね？

ここで述べていることは「ノーテンション」の部分です。収縮を感じているのに、とにかく進み続け、意地を通しているときは、自然ガイドの声に耳を傾けていません。

それは、あのおもちゃのミニカーの脱線のようなものなのです。壁に追突して横転してタイヤがくるくる回りっぱなし……。スピードを出せるコースに戻るのではなく、コース外で無駄にエンジンをふかしています。

「とにかく終わらせなければならないし、目的を成し遂げるためにはそうすべきなんだ」と考え、収縮している状態のまま進み続けようとしたことは何回ぐらいありますか？

もしくは、「もう目的を成し遂げることは絶対無理だ」とあきらめたことは……？

それはあなたの本音かもしれませんが、自然ガイドシステムを切ってしまったことになります。

そういうことを続けていると、先ほどのフォームの矢印の下方向にどんどん落ちていき、「惨めさと苦しみ」のほうへ進んでいきます。

収縮した感じがするときは、立ち止まり、ひと息ついて、今人生に起きていることに対して心を開いてください。そうすることで、新しいアイデアが生まれるチャンスを受け入れる姿勢が整うでしょう。

経営者や投資家、アーティストやミュージシャンたちが行き詰まったときのストーリーを、どのくらい聞いたことがありますか？

困難にぶつかったとき、彼らはひと息つきます。

例えば、テニス、昼寝、散歩など、気分転換をします。そうして、問題が頭から離れている状態のときに、ピンと閃きがあり、解決策が浮かんだりするものなのです。

これが、ノーテンションの原理です。

収縮のときが来たら、休止してください。そのまま困難をどうにかしようと抗わないでください。問題について考えていないとしても、潜在意識は継続的に考え続けています。そして、まったく予期せぬときに何らかのアイデアがパッと閃き、それにより再び拡張の方向へ気分が上がっていくのです。

そうすると、ときめきを感じ、再びやる気になります。

拡張は青信号。それは前に進むアクションへのゴーサインです。

このように、自然ガイドシステムは、とてもシンプルな原則です。あなたが心を開いている限り、いつでも導いてくれます。止まれと進め、その二つの状態しかありません。収縮を感じたら止まりましょう。拡張を感じたら、意気揚々と先へ進んでください。

第10章

自分だけではなく、みんなのために

人生全般の重要ポイントは価値です。
価値は手に入れるのではなく、与えるものです。
——ジェイ・エイブラハム

情熱的な人生を妨げる3つのこと

1年前にパッションテストを受けたリン・カーンズのストーリーを紹介します。

◉仕事を辞めたいが、何をやりたいかわからない

私は25年間、アメリカの企業で働いていました。ここ18年ほどはIT業界の管理職、取締役などを務めていました。すばらしい機会に恵まれ、高収入を得て、全体的には仕事に満足していたと思います。

でも、最後の10年間は、「辞めたい」「違うことがしたい」「まったく違うライフスタイルに変えて、自分のパッションを生きたい」という心の声がどんどん大きくなっていきました。その声を無視して、2回ほど転職したのですが、それでも心の声は大きくなるばかりでした。

最終的にはその声に耳を傾けたのですが、その当時の私は、24時間休む暇なく仕事モード。2~3の会議は常に並行し、電話やEメールはひっきりなし。レポートやプロジェクト管理や顧客対応など、息もつけない忙しさでした。まったく楽しん

でいなかったと思います。クリスとジャネットの言葉を借りるならば、深刻な収縮状態だったのです。

それで、会社を辞めました。貯金もあり、サポートしてくれるすばらしい夫もいました。ただ、変わりたいということ以外、何をするのかまったくわからないままでした。

◉パッションテストを受けた後の人生

そこで、パッションテストを受けました。そして、自分のパッションを中心に生きることができるようになりました。それから1年経って、現在、私の人生はすっかり根本から様変わりしました。人生のあらゆる面にもたらされた豊かさに、自分でもびっくりしています。

たぶん、一番驚いたことは、新しいライフスタイルを始めてから6カ月ほど経ったとき、夫の言った言葉です。

「君がハッピーになりストレスがなくなって、僕もずっとハッピーになった」

私のストレスがそれほどまでに彼に影響していたとはまったく知りませんでした。

夫は、「結婚したときの女性が帰ってきてくれた気がする」と言っていました。

そのうちに、友人や家族からは、「10歳若返った」「昔のよく笑う一緒にいて楽しいあなたが帰ってきた」と言われました。

私の最初のプロジェクトは、「インターネット・マーケティング・テレセミナー・シリーズ」の開設でした。驚いたことに、オンライン業界で成功している何人かが集まってくれました。そして、現在のすばらしいビジネスパートナーにもすぐに出会い、一緒に新しいサイトを立ち上げました。

私の3つのベンチャー・ビジネスのパートナーたちは、みんな必然的に現れた人たちです。まさに必要としたそのときに登場しました。私が必要と気づく前に現れた人もいます。今となっては、本当にすばらしい才能豊かな人たちが私の人生に関わってくれています。どうやってお礼をしたらいいのか迷うほどです。

私は毎朝、元気に目覚めます。仕事に費やす時間は喜びで、共に働く人たちはギフトです。できる限りたくさんの人たちを助けることに焦点を当てています。私たちの購読者にはパッションテストを薦めています。なぜなら、本当にすばらしいし、豊かだと感じる人生の旅をするのに欠かせないと心から信じているからです。

パッションテストに出会う前は、普通の人に比べたら収入のいい仕事に恵まれてはいましたが、息が詰まり、窒息しそうな感じがしていました。

でも今は、本当の意味で豊かになり、私と同じように人生を変えようとしている、たくさんの人たちをお手伝いできるというギフトをいただいています。

このリンのストーリーはあなたのパッションのストーリーにもなりえます。

パッションに沿って選択し始めると、人生は自分が予測できないほうへ変わり始めるでしょう。

パッションを生きているからといって、人生の試練がなくなるわけではありません。けれども、パッションを生き始め、人生のプラス面に注意を向け始めると、そういう試練を乗り越えることが楽になるのです。

ここでの大事なポイントは、**今までの固定観念から離れる**ことです。

情熱的な人生を妨げるものは3つしかありません。それは、

◎誤ったアイデア
◎誤ったコンセプト
◎誤った思い込み

です。

あなたが真実だと信じていることでも、現実にそぐわない不適切な信念のことです。「私には価値がない」とか、「私にはできない」「私はたいした人間じゃない」と思ったことはありませんか？

そうした類の誤った信念が、あなたが天命を生きるのを阻《はば》みます。

「宇宙ハイウェイ」を旅するためのアドバイス

「あなたが愛するモノと、あなたに対する神のご意思は一つであり、同じだ」と伝えると、こんなふうに思う人がいるかもしれません。

「アル中の人はお酒を愛し、麻薬中毒者は麻薬を愛し、セックス依存者はセックスを愛しますが、どうしてそれも神のご意思になりえるのですか？」と。

これは違う意味の「愛」です。私たちが「愛するモノ」や「パッション」と表現するとき、それは「自分が心の底から大切だと思うこと」を指します。

ジャネットは、自分の人生経験を通してこのことを学びました。

――幼かった頃、母と私には深い絆があり、いつも一緒で、〝私の小さな天使〟と母は呼んでくれていました。幼稚園に入るときは、毎日一緒に過ごせなくなると思うと、二人で涙したものです。

実際、母はその思いが耐え難くなることも時々あり、何らかの理由をつけて私を休ませたものでした。私はそんなお休みが大好きで、一番幸せな時間でした。

ところが、7歳のときにすべてがガラリと変わりました。母は美容師として働き始め、仕事が終わると酔っ払って帰宅し、父と大喧嘩をするようになったのです。外に響くほどの大声で怒鳴り合い、私の小さな心は張り裂けそうでした。

それ以前は、寝る前に優しい美しい声で私に歌を聴かせてくれた母でした。そんな愛おしい日々が過去のものとなり、母は服を脱がせてベッドに押し込まなければならない、酔っぱらいの不幸な女性へと変貌しました。

お酒をやめてくれと説得し、頼み込む日々が数カ月続き、耐え切れなくなった父は、もう一度チャンスが欲しいと泣き叫ぶ母を置いて、私と妹と弟を車に乗せて家を出ました。そのときどれほど傷ついたかは言葉にすることすらできません。

それから何年も過ぎていく中で、母は罪悪感で自らを地獄へと追い込んでいきました。ロサンゼルスのメインストリートにあるノミだらけの安宿に朦朧《もうろう》とした母を探し当てたこともあります。その後、母は熱心なキリスト教信者になり、静かに慎ましく生きていきました。

大人になった今、振り返ってみると、自分には価値がない、たいした人間じゃないという心の痛みを感じないようにするために、母はお酒を飲んでいたのでしょう。母は幼かった頃に父親から性的虐待を受け、父親は母親を捨てて、彼女を連れ去ったそうです。母は、そういう幼児体験から、自分も捨てられるのではないかという深い恐れを抱いていました。彼女は、自分は愛されないと思っていたのです。お酒を飲むことで、母は愛される価値がないという痛みを止めようとしていました。

パッションと欲望の違い

アルコール依存、麻薬中毒、セックス依存は、「愛」ではなく「欲望」です。自分を気持ち良くしてくれると信じているものを渇望しているのです。それが誤った思い込みということはわかりますか?

パッションと欲望は別物なのです。

欲望は欠乏から生まれます。自分の中の足りないものを埋めるためか、強すぎる痛みを鈍らせるために、必要性に駆り立てられるような感情なのです。何かを渇望しているのは空白を埋めようとしていると言えます。

ジャネットのお母さんは無価値観や欠陥を感じていました。あまりにもつらすぎる感情を、お酒を飲むことで止めようとしていたのです。

「自然ガイドシステム」によれば、このような**痛みの感覚は、立ち止まり、変化を起こし、自分を大切にしなさいと教えています。**

しかし、その知らせを無視し、代わりにアルコールや麻薬、セックスや食べ物、その他のもので痛みを鈍らせたり、足りない部分を埋めようとすると、惨めさや苦しみのほうへどんどん落ちていきます。

反対に、**パッションはあなたの人生で最も大切な愛なのです。**

それは、心の奥から湧き上がるものです。

パッションは、あなたが天命を生きるように引っ張ってくれるでしょう。それは、あなたの本質の最も深い部分とつながっています。

ですから、パッションに自分を合わせていると、拡張し、オープンで、ワクワクした感じになるでしょう。パッションは、喜びや充実感を増す方向に私たちを引き上げます。

だからこそ、自然ガイドシステムは重要なのです。欲望を追いかけることで一時的な幸せは得られるかもしれませんが、刹那的な幸せはすぐに哀れな収縮に変わります。

自分のパッションの上位5つを明確にし、「収縮」と「拡張」という自然の法則を理解すると、天命や人生の目的を追求することが、苦しまずに楽にできるようになります。ですから、次の言葉を覚えておいてください。

「選択や決断やチャンスを目の前にしたときには、自分のパッションに沿って選択しなさい」

次の質問を自分に投げかけてみましょう。

「この決断は、私がさらにパッションに向かっていく助けになるでしょうか、それとも遠ざかることになるのでしょうか？」

向かって行くなら「イエス」と言い、遠ざかるなら「ノー」と言うことを学びましょう。そして、**いったん決断したら、自然ガイドシステムに注意を払ってください。**収縮した感じがしたら休んでください。休んで、自分を取り戻し、気楽にやりましょう。拡張を感じたら、前進し、アクションを起こし、達成することを楽しみましょう。

世界には、宇宙ハイウェイを上手に走っていく人たちがいます。彼らは夢を実現し、ロールモデルとしてまわりの人たちを導いているのです。

他の人を助けることは、自分自身を助けること

人生で自分が欲しいものすべてを手に入れる方法は、他の人たちが望んでいるすべてのものを手に入れることを助けること――。

なんとすてきなパラドックス（逆説）でしょう。

その真実を知るために、敬虔《けいけん》な信者や精神的な指導者になる必要はありません。

ビジネスにも同じ原理が適用されます。ビジネスの成功は、あなたが顧客に与える価値を基にしています。

「価値を与える」とは、「顧客が、価値があると考えるものを手に入れられるように手助けする」という意味です。

私たちの友人であり、仕事仲間のジェイ・エイブラハムは、自分は特にスピリチュアルな人間ではないと言います。それでも、彼はこの考え方をキャリアの中で貫いており、その結果、億万長者になり、美しい家を所有し、世界中どこでもファーストクラスで旅をして、ほとんどの人たちが不可能だと思うような成功と名声を手にしているのです。

ジェイ・エイブラハムは、彼自身のパッションについて、そして、自分を助けるために

他の人を助けることの重要性について、次のように語っています。

世界NO1マーケティング・コンサルタントのパッション論

ジェイ・エイブラハムは、1万社以上の中小企業のクライアントに対して、合計で何十億ドルもの売上向上をもたらしてきました。「フォーブス」誌が、彼を世界の5人のトップコーチの一人として選んだのも納得です。低迷している企業を優れたマーケティングと営業のプロに変える専門家と言われています。

ジェイは、ビジネスの業績向上においてきわめて優れた権威として知られています。彼のネット上の推薦文だけでも2000を超え、現在活躍するマーケティング・コンサルタントや専門家たちはこぞって彼を第一のメンターと言っています。著書に『ハイパワー・マーケティング』があります。

では、ジェイに彼自身のパッションや、望む人生を実現するために必要なことを語ってもらいましょう。

「まだすべての目標を達成していない人たちは、物質的な目標を達成することが最もすばらしいと思っているかもしれませんが、どの年齢の人にとっても、物質的な目標そのものは、達成しても、人生を大きく変えることはないでしょう。

もちろん、住みたいところに住み、食べたいものを食べることができるのに十分な経済的安定を得ることはすてきなことですが、いったんそういう欲しい〝モノ〟を手に入れると、人生には単なる〝モノ〟や地位や名声以上のものがあることに気づきます。

私自身もたくさんのモノを手に入れましたし、さまざまな経験もしてきました。しかし、年をとった今、子どもの成長や愛する人たちの死を見てきて、自分の健康が大切になってきました。そして、地位や名声は人生の重要項目ではなくなったことに気づき、生活のペースを落とし、大切なことをあらためて見直しました。

現在、私のトップ・パッションは人生にバランスを持つことです。

以前の私は仕事中毒で、異常なまでに仕事に没頭していました。1日18時間、1週間で7日働いていました。午前中に二つのミーティングも当たり前でした。でも今は、妻が電話をしてくれれば、よほど重要な会議がない限り、仕事を止めて、ランチに出かけます。

永遠という時間枠を当てはめたとき、そのほうが私には大切なのです。経済的、知的、精神的、肉体的、性的なバランスを望んでいます。

情熱的になれないようなモノや人は、あなたの人生に引き込むべきではありません。情熱もなく手に入れることは、その人からもあなたからも、人生の経験を奪うことになります。

なんで気持ち半分のことをするのでしょうか？

中途半端な収入や結果を、なぜ受け入れるのでしょうか？

パッションを持つことにはポジティブなメリットがあり、パッションを無視することで支払う代償は大きいのです。

まずポジティブな面について言うと、私自身のパッションは、**私のクライアントである経営者たちが、自分たちが思っているよりも、もっとビッグになるのを見る**ことです。私は彼らができると信じているからこそ、本人が見ている以上に大きなビジョンを持っています。クライアントや企業がもっと社会や市場に貢献できると十分に信じること、という私のパッションがあって、今まで何十億ドルもの収益向上を可能にしてきました。私がクライアントを信じたから、そして、最終的にクライアントがもっと深く自分自身を信じることができたから、可能になったのだと思います。

プライベートでは、自分のパッションに焦点を当てていませんでした。時間の大半をビジネスに使いすぎていましたから、家族との関係性を失ってしまいました。パッション不足には大きな代償があると言えるでしょう。それは積もり積もっていくものですから、いったいどのくらいになっているのか気づきません。払う段になって、かなり大きな代償だとわかるのです。

パッションは、人生全般にわたりバランスよく持つ必要があります。そして、**今やっていることや相手に対して情熱的になれないならば、結果は惨めなものになる**でしょう。**私があなたたちのような本書の読者であるならば、クリスとジャネットのパッションテストを受ける**でしょう。

そして、翌朝、**人生で自分と関わっている人たちにきちんと向き合い始めます。**もし、一緒にいて息が詰まると感じる夫や妻か家族がいるならば、その人たちのすばらしいところを見つめ始めるでしょう。

ぜひ、あなたもその人たちのいいところを探してください。おもしろいところ、驚くようなところ、際立っているところを探して、そして、そのことを毎日続けてください。その人たちに関する愛すべきところを考えてみてください。すごいと思うところを考えてみてください。仕事に対する姿勢や人生を楽しむところなど、どこかすばらしい特徴を探して感謝し、理解し始めてください。

まったく同じものを見ていても、人それぞれにどれほど違うものの見方があるか。その物の見方の違いを観察し、感謝し、理解し、尊重することは、人生に与えられた課題です。100%賛同しなくても、感謝し、尊重し、吟味し、客観的に観察すれば、人生はもっと多様で楽しいものになり、学びがあり、知識が増えます。

人生全般に共通する重要なポイントは、「価値」です。**価値は手に入れるのではなく、与えるもの**です。自分ではなく他の人たちにとって大事なことは何かを知ること。私自身、自分に問いかけねばならなかったのは、「どのようにしたら妻や子どもたちと特別で円満な関係を築けるだろうか」ということでした。

「君たちと密接に関わりたいんだよ」と大声をあげればうまくいくと思いますか？　そうではなくて、まず彼らにとって大切なことや大好きなこと、楽しいことやピンと来ることを探すことから始めると、もっと成功率が上がると思いませんか？

実はすごくシンプルです。**相手が誰であろうとも、相手にとって大切なことは何かを考えてみてください。**誰かの元で働いているなら、雇用主がどんな問題に苦労しているか、何が彼らを安心させるか、何が彼らをもっと成功させるかを考えてください。

上司に関しては、何があれば彼らは昇給するか、昇進するか、求められるかを考えましょう。そうすることにより、あなたは自分の欲しいものを手に入れられるでしょう。

私たちは、どうしても自分、自分、自分にとらわれがちです。しかし、あなたが望むすべて、いや、それ以上を手に入れる最短コースは、**まず、相手のニーズ、望み、願いに焦点を当て、それらを実現させる**ことです。

それは、人を操作しようとするようなことではなく、最高の歓びです。他の人が成長し、充実感や豊かさを手に入れるのを助けることほどの達成感は他にありません。

ほとんどの人たちが間違った質問をしてしまいます。

「私はその目標にふさわしいだろうか？」ではなく、「その目標は私にふさわしいだろうか？」というのが正しい質問なのです。

この地上で自分の肉体と労力を使って、あとどれだけ多くの影響を及ぼせるのか、どれだけ貢献ができるのか、どれだけ達成できるのか、どれだけさまざまなレベルの人たちを物質的に、精神的に、感情的に豊かにできるのかに気づいたとき、あなたは自分の水準をさらに上げることでしょう。

自分自身の誤った限界をすべて打ち崩すでしょう。より多くの人のためにそれをすることが、私の目標です。

多くの人たちが経済的および感情的に望むだけの豊かさを達成できない最大の理由は、自己フォーカスにあります。あなたではないのです。**焦点を当てるべきは他のみんなであ**

り、他のみんなの人生をより良くしたとき、あなたの人生は自動的に開かれ、一気に広がっていくのです。

それは、人々に〝恋をする〟ことであり、あなたがその人たちのためにやっていることに〝恋をする〟ことでもあります。とにかく、自分の人生は何なのかについて明確にすることです。

この基本的な部分を明確にしないまま、成功できないでいる自分をムチ打つのは、思い上がりでバカげています。

明確化は、あなたが欲しいものが何であっても、より早く、より楽に手に入れるための的確で揺るぎないプロセスなのです。**他の人に与えることに注意を向けると、あなたは自分の設定した基準をはるかに超えることを楽に達成していく**でしょう。

第11章

信頼が旅のスピードを左右する

信頼とは、すばらしい動機づけの形です。人から信頼され、また他の人を信頼することによって、他の人の才能やエネルギーやパッションを解き放つだけでなく、自分自身のエネルギーやパッションも解き放ちます。

——スティーブン・M・R・コヴィー

75歳からの旅

私の名はオットーと言います。75歳です。私は二種の糖尿病と冠状動脈の病気を抱えています。

以前、中国の医科大学で1年半英語を教えたことがあるのですが、その仕事をたいへん気に入っていました。生徒の人生に意義深い変化をもたらせたと思います。ですから、再び中国へ戻ることが私の夢でした。

パッションテストに出会う前、1年半、中国で英会話を教える仕事に応募し続けたのですが、うまくいきませんでした。中国人は年配者を敬うのですが、その一方で年配者は仕事をするべきではないという考えを持っています。私はその社会的通念を無意識に受け入れてしまい、また、海外で教えるには歳をとりすぎていると、ほとんどの友人に諭されました。応募した中国の学校20校から不採用の通知をもらいました。

その頃、パッションテストを受けると、「理想の人生を生きているとき、私は中国の望ましい地域で仕事をしている」というのがパッションの上位5つに入っていました。

するると、1週間もしないうちに桂林の学校からEメールが届き、「今も教職に興味があるなら連絡してください」と電話番号が添えられていました。さっそく電話をして面接を受けました。その後、二度目に送られてきたメールには「あなたを採用したいと思うので、上司に聞いてみます」と書かれていました。こうして、何度かのやりとりの後、私は今、「桂林」と呼ばれる天国のようなところに来ています。

「不死の人間になるよりも、桂林に住む人間になるほうがいい」

という格言があります。ここは「カルスト」という石灰岩地形の街で、数千年も中国絵画に描かれ続けてきた景勝地。多くの詩人も、この土地に心を動かされ、詩を残しています。

空気がきれいです。木犀《もくせい》の心地いい甘い香りが漂います。山々は霧に覆われていることが多く、墨絵で見るような神秘的な様相です。キャンパスを歩いているときですら、墨絵の中に自分が迷い込んだような錯覚に陥ることがあります。

今振り返ってみると、私は社会通念や、歳をとりすぎているとか、病気持ちであるなどの観念にとらわれていたために、パッションを生きることができなかったのだと思います。

しかし、パッションテストのおかげで、自分の想いが明確になり、そういった観念を乗り越えるエネルギーを取り戻しました。今の私は、自分の夢の人生をどっぷりと生きています。

最近、オットーから連絡をもらいました。桂林に移って1カ月後に近しい親戚が骨腫瘍の診断を受けたという知らせが入ったというのです。ジャネットと同じように、彼のパッションもすぐさま変わりました。桂林に住み続けるよりも、帰国して家族とともに過ごすことのほうが重要になったのです。

オットーは桂林ですばらしい時間を過ごし、今は愛する家族との貴重な時間を過ごしているわけです。

前述したとおり、**パッションがあなたをどこに導くかはわかりません**。けれども、心を開いて、パッションに沿って生きることで、自分にとって一番大切なことにつながっていられるのです。

夢の達成速度は、〇〇で決まる

スティーブン・M・R・コヴィーの著書『スピード・オブ・トラスト』でも語られているように、信頼関係が、物事の実現化の速度に影響します。

夢の達成までにかかる時間には、あなたの信念が直接的に影響します。

大富豪ドナルド・トランプが破産寸前になったのは、ビリオネアとして再浮上して間もなくのことでした。どうしてそんなことが起こるのでしょうか？

例えば、1年間で1億円儲けたとしたら、あなたはいい1年だったと考えるでしょうか？

では、ドナルド・トランプが1年でたった1億円しか稼がなかったら、何を考えると思いますか？　その1年は大失敗だったと考えるのではないでしょうか。あなたとドナルド・トランプとの大きな違いは、それぞれの信念の違いです。

夢の達成をジャマするもの

前章で、情熱的な人生を生きることを阻んでいるのは、たった3つのことだけだと話しました。

◎誤ったアイデア
◎誤ったコンセプト
◎誤った思い込み

では、自分のパッションを生きる能力について、あなたはどんな信念を持っていますか？

私たちがよく聞く答えは次のとおりです。

◎家族を支えなければならないですから、パッションを生きることはできません。
◎情熱的になれる類のことではお金は稼げません。
◎私には本当に成功するためのスキルはありません。
◎もう歳をとりすぎていますから、私には遅すぎます。
◎私は若すぎて、十分な経験がありません。
◎私は〇〇〇〇〇すぎてできません（あなたが空欄を埋めてください）。
◎十分な知識がありません。
◎私はあまり外向的ではありません。

◎私はあまり〇〇〇〇〇ではありません（あなたが空欄を埋めてください）。

あなたが誰であろうと、状況がどうであろうと、どんな障害があろうと、こうしたことが理由でパッションを生きられないと考えるのは単純すぎます。それは誤ったアイデア、誤ったコンセプト、誤った思い込みです。それは、真実とは違う考え方です。現実にそぐいません。

何かに対して心から情熱を感じるとき、人は人生の中でいつでもそれを創造する能力を持っています。

考えてみてください。「パッションを生きることでお金は稼げない」というのは真実でしょうか？

「腰かけて人とおしゃべりする」というパッションではお金が稼げないと、あなたは信じていますか？

それなら高視聴率で全米だけではなく世界中の人が知っている番組の司会者オプラ・ウィンフリーはどうですか？　彼女は相当うまくやっているのではないでしょうか。スキルがありませんか？

歌唱力があるとは思えないような有名なミュージシャンを知りませんか？

会社の雑用をしていた人が執行役員まで昇り詰めたという出世話を聞いたことはありませんか？

アルバート・アインシュタインは学校のほとんどの科目で落第していたことは知っていましたか？

では、エイブラハム・リンカーンは？　彼はお母さんを亡くし、選挙では何度も落選し、財産を失い、ビジネスに失敗しました。

もし、あなたがうまくいかなかったことだけを見ていたとしたら、リンカーンは大統領になるまでの人生のほとんどを負け犬として過ごしていたことになります。

歳をとりすぎていますか？

ほとんどの億万長者は55歳過ぎてから億万長者になったと知っていますか？

カーネル・サンダースは62歳でケンタッキー・フライドチキンを始めるまで、何年も何年も鶏肉を揚げていました。本章冒頭のオットー（75歳）の話は覚えているでしょうか。

自分の可能性を制限するような、どんな信念を持っているとしても、世界にはそれに反する証拠があります。**他の人が不可能だと思ったことをやって成功した人たちの話はたく**

さんありますよね。

あなたは、自分が思う以上にパワフルな存在です。すでにお伝えしてきたように、自分の人生を創造してきたのはあなたなのですから、**今の人生が気に入らないのならばあなたが変えればいい**のです。

できると信じている限り、できる

すでに述べた、次の言葉を覚えていますか？

「人生は、まず頭の中で創り出され、その後に現実となる」

あなたができないと信じている限り、できないでしょう。不可能だと信じている限り、不可能でしょう。難しすぎると信じている限り、あなたには難しすぎるでしょう。

ということは、その逆もまたしかりと言えますね。

あなたができると信じる限り、できます。

しかし、信念は内面のかなり深い部分に植え付けられているので、さほど単純ではありません。「できる」と言いながら、心の奥ではできないと信じていることもあるからです。

質問のパワーについて伝えたことを覚えていますか？

自分自身に質問をすると、脳が答えを求めて検索し始めます。もし、まだ自分がパッションを生きることができるとは信じられない場合、「自分はパッションを生きることができるかもしれない、ということを示す、どんな根拠が見つかるだろうか？」と質問してください。

「もちろんできるじゃないか。それをやっている他の人たちを見てみようよ。これが可能なことを示す根拠がある」……というように、**心の奥底から本当にできると感じられるまで根拠を探し続けてください。**

これは、パッションを生きるときの最も重要な最初の課題です。できると信じるために必要な根拠を発見してください。

私たちが「ヘルシー・ウェルシー&ワイズ」誌で〝パッション・シリーズ〟を提供しているのも、その理由からです。

『神との対話』の著者ニール・ドナルド・ウォルシュが、どうしてしばらく路上生活をしていたか、または映画監督のデヴィッド・リンチが、友人の父親がアーティストとして生計を立てているのを見て、どのように自分のパッションを見つけたか、または『こころのチキンスープ』の共著者マーク・ビクター・ハンセンが、どのように破産を乗り越えたかなどのストーリーを紹介しています。

それは、彼らにできるならば自分にもできると信じてもらうためなのです。

思考の速度で旅は進む

1999年、ジャネットは、友人の勧めで参加した講義で**誤った信念を変えるための最も強力なツール**を教えてもらいました。


会場の前方にはバイロン・ケイティという、美しい白髪の女性が座っていました。

「私は10年間もひどい、うつでした」

と彼女は切り出しました。

「あまりにひどくなり、寝室から出ることすらままならなくなりました。子どもたちは、私に怒鳴られないように寝室の前をそっと歩いていたほどです。体重は50キロほどに落ち込み、歯磨きや入浴を2週間もしないままということもありました。

毎日、自己嫌悪を感じ、無気力で希望もなく、死にたいとすら思っていました。

最終的に、あまりにひどくなったために、摂食障害の女性のための更生施設に入所することになりました。その施設では、入所している女性たちが私を怖がったために、屋根裏に部屋を与えられました。人として何の価値もないと感じていた私は、ベッドに寝る資格もないと思って、床の上で寝ていました。

そして、1週間ほど経ったある朝、目を覚ますと足の上をゴキブリが這っていました。そのとき、私を苦しめていた怒りも思考も、私の世界観もすべて吹き飛び、どう表現していいかわからないような喜びを感じたのです。それは、屋根を吹き飛ばすのではないかと思うほど、パワフルな感覚でした。

その瞬間に、私は気づきました。自分の考えを信じると私は苦しむのだけれど、信じないと苦しまないのだということを。

そして、それはすべての人間にとって真実であると。こんなシンプルなことで、人は自由を手にできるのです。

苦しみとは、自分自身が選択するもの。私は自分自身の内側に喜びを見つけました。その喜びは消えることなく、いつも私の内にあったのです。それは誰の中にも常にあります」

ケイティはひと呼吸おいてから続けました。

「私たちは出来事のせいで苦しむのではなく、出来事に対する自分の思考によって苦しむのです。

現実には良いも悪いもありません。自分のストレスになっている思考に疑問を抱けば、現実の出来事が原因ではないことに気がつきます。そうして、自分の外で起きるすべてのことは、自分自身の思考の投影だとわかるようになります。頭の中でつくられたストーリーを投影しているのは自分であり、世界は自分の思考が投影されたイメージです。

昔から、人々は自分が幸せになれるように世界を変えようと試みてきました。けれども、それではうまくいきません。

私が皆さんに伝えたいことは、**イメージではなく、イメージを送り出す投影機を変えましょう**ということです。レンズにゴミがついていると、スクリーンに投影されるイメージ上に汚れが見えます。私たちはスクリーンが汚いと思いがちですが、そうではなく、プロジェクターのレンズの汚れです。

投影されたイメージを変えようとしても無駄です。汚れのある場所を認識して、プロジェクターのレンズをきれいにすればよいのです。

私たちの思考と現実の認識も同じです。それさえ理解できれば、苦しみは終わり、至福の喜びを味わえるようになります」

講義が終わったあと、ケイティとのランチの機会がありました。他にも何人かいたのですが、最後にレストランに着いた私に残っていた席は、ケイティの隣でした。私が紹介されると、ケイティは輝くような笑顔で話しかけてくれました。

「こんにちは。あなたは何をしていらっしゃるの？」

「大きな企業のマーケティングを担当しています」と私は答えました。すると、彼女はちょっと驚くような質問をしてきました。

「それはあなたの得意なことかしら？」

「ええ、私ほどの適任はいないと思います」

と私は答えました。

当時の私は、「ブックス・アー・ファン」という企業のマーケティング部のマネージメントをしており、その年の売上は史上最高でした。そして、ケイティと出会って数分の私にとって、次の質問にはもっと驚かされました。

「私のところに来てマーケティングをしていただきたいわ。マンハッタンビーチにある私の家に住み込んでやってもらえないかしら？」

とにかく、私は彼女に魅了されていたので、すぐにでもイエスと言いたいところでしたが、3匹のゴールデンレトリバー犬と2匹の猫のいる、わが家を離れるという大胆な人生の変化に躊躇する自分もいました。

どうすべきか決めかねた私は自宅に帰ってから、ノースカロライナに住んでいるクリスに電話をかけ、今日の出会いのことを話しました。そして、後日、クリスとともにケンブリッジでセミナー中のケイティを訪ね、ともにすてきな時間を過ごしました。

彼女のセミナーでは、参加者が抱いている実際の疑問や問題を取り上げて、「ザ・ワーク」と彼女が呼んでいる質問のプロセスを行ないます。公開セッションのような形で講義が進みます。そのやりとりを通して、参加者は心の奥にある問題を解決していくのです。

ある印象的なセッションの締めくくりに、ケイティは言いました。

「私たちはストレスになるような考えを外の世界に投影します。自分の思考を調べてみると、問題は他人のものではなく自分のものだということを発見するでしょう。すべてはあなたに関わることなのです。

誰かに対して批判的な判断をしたり、何かを決め付けてしまっているならば、まず書き出し、それについて疑問を持ち、自分のこととしてとらえてください。相手に望むことをご自身で実行してください。

世界に豊かになってもらいたいならば、自分が豊かさを感じるところから始めましょう。自分が思い込んでいることに疑問を持つためには勇気がいります」

クリスも私と同様にケイティに心を動かされ、結局、二人で彼女のマーケティングを手伝うことになりました。ただおもしろいことに、私がマンハッタンビーチへ引っ越したのではなく、その代わりにクリスがそこで1年を過ごすことになりました。

自分の可能性を制限するような信念を解放するツールの中では、ケイティの「ザ・ワーク」が最もパワフルだと思います。

この「ザ・ワーク」は実際にオンライン上で、無料で手に入ります（【訳注】日本語版はこちらから。http://thepassiontest.jp/work/）。

宇宙ハイウェイで出せるスピードは、**宇宙の愛と恩恵をどれだけ信頼できるか**、で決まります。

自分は世界で孤独であり、一人で苦労して前に進まなければならないと信じることと、自分はいつでもギフトを与えてくれる慈悲深い宇宙に囲まれていると信じることでは、どちらのほうが気分がいいでしょうか？

人生は大変で困難でがっかりすることが多いと信じることと、人生は自分自身の真の本質を探求する機会だと信じるのでは、どちらのほうが気分がいいでしょうか？ **自分が信じることを、あなたは創造します。**昔からずっと抱えている信念を変えることは時に難しいでしょう。そんなときのために、ケイティの「ザ・ワーク」を紹介しました。

人生はどの瞬間もギフトである

運命は、最終的には自分の味方だと信じ、それを証明する出来事や経験を探し始めれば、それを証明するようなことが起こり始めるでしょう。

そして、人生はどの瞬間もギフトであり、成功への道を示してくれているという考えを受け入れ始めると、あなたの人生にも魔法のような出来事が起こり始めます。ユリア・ガヴァーミもそうでした。

私がジャネット・アットウッドのセミナーに参加し、パッションテストを受けたのは２００６年10月でした。その当時、私は夫との不仲で苦しんでいました。同時に、生活を維持しながら子どもたちをホームスクーリングするために収入の道を探

していたところです。何年も肉体的には無理をしていて、日々がつらい状況でした。人生で欲しいものはわかっていましたが、どう手に入れたらいいのか見当もつきませんでした。

セミナー会場でジャネットの誘導により、パッションテストを受けてみると、私はパッションを生きていないことに気がつきました。私のパッションの上位5つは、次のとおりでした。

①夫とすばらしい夫婦関係を楽しんでいる。
②子どもたちにすばらしいホームスクーリングをしている。
③健康的な生活を送っている。
④複数の収入源がある。
⑤講師として、人々のモチベーションを高めている。

これを見た友人から、どうして講師をしないのかと聞かれたときに、私にはなんの著書もないから、誰も私の話に興味を持たないと答えました。すると、ジャネットが「パッションテスト・ファシリテーターにならないか」と誘ってくれて、友人はパッションテストの書籍を指差して、「もう本はあるでしょ」と言ってくれました。

セミナーを終えたとき、私は心からやりたいことがはっきりしていて、生まれて初めて、自分のパッションが目の前に開けていく感じがしました。自分の中で、驚くほど心の変化が起きたのです。

自分がこれまで望んでいない日々を生きていたのは、毎日の雑事に打ちのめされて、フォーカスがあいまいになってしまっていたからです。やらなければならないことが多すぎて、自分のパッションから外れたこともやらなければなりませんでした。

ですから、パッションに沿って意識的に選択をする必要があったのです。

今、私はパッションテスト・ファシリテーターとして収入を得ています。4カ月前には他社の講師にもなり、ここ4カ月で5万ドルの収入を得ました。また私の健康状態を整えてくれた企業の保健プログラムを使って、人々を助けるという仕事も手に入れ、そこからも収入を得ています。

まさに、複数の収入源を得て、モチベーションを高めるトレーナーとしても活躍しています。

息子たちも幸せになり、勉強に集中できるようになりました。私がうまく教えられないところは家庭教師を雇って教えてもらい、成績も伸びています。

彼らもパッションテストを受けました。彼らが人生で何が欲しいのかフォーカスできるようにサポートし、未来を思い描くように教えています。その結果、彼らのやる気は高まりました。9歳や11歳の子どもにもビジョンはあり、未来を創造しようとする気持ちがあるのです。

それから、夫婦仲についてはどのように修復すればいいのか、まったくわかりませんでした。何年も苦しみ、子どもたちが大きくなるまで両親がそろっている状態を維持することにフォーカスしていましたが、状況はひどくなるばかりでした。

ところが、ある日、心癒される言葉を夫が言ってくれたことが私のハートに響き、それから二人の関係性は大きく変わりました。その後の夫婦関係はすばらしいものになり、私たちは以前よりも硬い絆で結ばれています。今は残りの人生を彼と過ごすことが楽しみで仕方ありません。

私たちが生きている宇宙は、私たちさえ心を開いていれば、最高の喜びと経験を授けてくれます。

人生で受け取るギフトがどこからやってくるかはわかりません。厳しい試練が最大の幸運になることもあるでしょう。

しかし一つわかっていることがあるとすれば、**物事はきっとうまくいくと信じられるようになればなるほど、夢を実現するスピードは劇的に速まる**でしょう。

信じることが基本です。**ビジネスや人間関係においても、信じることは成功への鍵**なのです。

第12章

喜びは常にそこにある

心の底から幸せを感じると、
どんな場所で、どんな状況にいようとも
人は生きている目的を感じます。
車にガソリンを入れるといった些細な出来事にも、
楽しい目的を見いだすのです。
——マーシー・シャイモフ

「何かが欠けている」と感じていた成功者

私はニコール・マッキャンス、26歳、トロント出身です。18歳のときに父が亡くなり、キャンピングカーを自宅にして母と住んでいました。お金も支援もなく、進路はまったくわかりませんでした。

成績は良かったので、その後大学、大学院と進み、卒業すると心理療法士になりました。私の心理療法のビジネスは成功し、公私ともに充実した人生を楽しんでいたのですが、何かが欠けていると感じていました。

2006年秋、ジャネット・アットウッドがトロントへやってきたときに、パッションテストを受けました。そこで自分のパッションを書き出しているうちに、夢や希望が次の一文にまとまりました。

「私は人類を向上させる著名な講演家であり、リーダーです」

こう書いているとき、私は思わず笑顔になっていました。そして、上位5つのパッションが明確になるにつれ、私にとって世界を旅することが、とても大切なことであるにもかかわらず、**そのパッションを生きていないということが明らかになり**

ました。

その瞬間に、なまじこれまでの成功があるゆえに、私の魂の目的はまだ達成されていないということに気づきました。クライアントを相手に一対一のセッションをすることは好きだったのですが、一度に数百人の人たちが自分のすばらしさに目覚めるようにインスピレーションを与えて、世界により大きな変革をもたらすということが私の願望だとわかりました。

パッションテストは私が気づいていなかったまったく新しい一面を浮き彫りにしてくれたのです。ジャネットの講義は、自分の心の声に従って生きる勇気を私に与えてくれました。

ジャネットは、**〝どのように〟やるかは問題ではない**と言い続けてくれました。パッションに沿って物事を選択していけば、道は自ずと開かれていくと教えてくれました。

その9日後、あるセミナーに参加しました。到着した会場の入口には開場を待つ数百人の人の列ができていました。前に並んでいたちょうど同年代の青年クリスチャンとアリと話しながら入場を待ちました。その後は大きな会場で自分の席を確保するために彼らとは離れてしまいました。

翌朝、二人に出くわし、また少し話すことができました。昼食の時間になったとき、いったん外に出ながらも、直感的に会場の中に入って昼食を共にする人を探したほうがいいという心のささやきが聞こえた気がしました。すると、心の中でジャネットの声が響きました。

（宇宙には間違いはありません）

そうして戻ってみると、クリスチャンとアリがいました。サラダを食べながらお互いのことを話しました。二人はカイロプラクターになる勉強を終わらせているところで、２００５年にはカナダ横断サイクリングをしたのだと教えてくれました。二人の夢は、２００７年に数百人の若者たちにインスピレーションを与えるために、ロサンゼルスからニューヨークまでの横断サイクリングをすることでした。

この企画に参加する人を三人求めているとクリスチャンとアリは言いました。その10週間の冒険サイクリングで、人類を向上させるというビジョンをみんなとシェアしたいんだと説明してくれました。

聞いているだけでワクワクしてきた私は、思わず、私も参加してよいかと口をついて出てしまいました。心理療法の仕事は？　長いこと自転車なんて乗っていないのに？　ということが頭をよぎりましたが、そのときジャネットの言っていたことを思い出しました。

「選択や決断やチャンスを目の前にしたときには、自分のパッションに沿って選択しなさい」

その日、私はパッションに従う選択をしました。私の興奮に二人も感激していましたが、実行のためにあと二人のサイクリストが必要でした。

翌日、〝2011年の私たち〟というテーマのパーティに、私は友人のクリスティを連れて行き、クリスチャンとアリはシャーという名前の友達を連れてきました。魔法のようなすてきな夜でした。

皆が5年後のなりたい自分になって登場するのです。そして、パッションや夢について語り合いました。私たちはすぐ打ち解け、こうしてサイクリング・チームが結成されました。チーム名は〝ザ・ドリーム・チーム〟です。その意図は、自分とみんなの夢を実現することです。

私がパッションテストを紹介すると、チームメンバーは皆テストを受けることになりました。彼らは私と同様に大きな影響を受け、チーム全員で世界を向上させるというパッションを共有し、この夢を実現するのに必要なサポートを引き寄せるためにマーカーを設定しました。

私たちは朝晩集まって計画を練っていきました。あるとき、このアメリカ横断サイクリング・ツアーに、パッションテストを持っていくというアイデアが突然ひらめきました。仲間もそのアイデアを気に入ってくれました。知り合いからジャネットの電話番号を教えてもらい、連絡を入れて、トロントに来たときに仲間五人と食事をしてもらえないかとお願いしました。

待ちかねていたその日がやってきて、私たちのアイデアをジャネットに伝えました。すると、

「もちろんいいわよ！　他にもできることはたくさんあるわ」

と言って、私たちを強力なイベント会社に紹介してくれました。ジャネットのアドバイスも取り入れて、「パッションを解き放つアメリカ横断ツアー」とネーミングされ、このツアーにはパッションテストの原理も盛り込みました。

ジャネットが紹介してくれたイベント会社のおかげで、横断ツアー中にボーイズ&ガールズクラブを訪ねたり少年院を訪問したりして、パッションテストを届けることもできました。

今では、ラーニング・フォーラムという教育に関する非営利組織から支援を受け

ています。また、世界一のマーケッターと言われるジェイ・エイブラハムも今ではは私たちのプランニングをサポートしてくれています。『ザ・シークレット』に登場していたマーシー・シャイモフやリーサ・ニコルズも理事会に参加してくれました。それだけではなく、アメリカ中のたくさんの人たちが惜しみないサポートをしてくれました。

私たちの物語はまだ終わっていません。このツアーを企画し、運営する過程で、私たち自身も大きく変わっていきました。この5人の仲間はとても仲良くなり、お互いに助け合う存在になりました。一緒に共有しているビジョンがどれほど私たちの絆を深め、人生をパワーアップさせてくれたかわかりません。これからどうなっていくかが本当に楽しみです。これも**情熱的な人生を生きるスイッチを入れてくれたパッションテスト**のおかげです。ありがとうございます。

パッションテストを受ける回数

パッションとは、本当の自分を発見するために導いてくれる道しるべです。パッションテストは、**あなたが必要だと思うだけ何回でも受けてみるといい**でしょう。**少なくとも半**

年に1回はやってみてください。まるで玉ねぎの皮をむいていくかのように、毎回、自分自身についてさらなる発見があります。

あなたが大好きなこと、最も大切にしたいこと、あなたにとって大事なことを今この瞬間に明確化すると、自分自身のことがわかります。そうして、パッションに沿って人生の選択をするという意図を持って生きると、「パッションを解き放つアメリカ横断ツアー」のようなことが展開していきます。

パッションに沿って生きるのが簡単なときもあれば、難しいこともあります。ジャネットの義母の病気のように、パッションがすぐに劇的に変わってしまうこともあります。また、**行動してみると真実が見えてくる**というケースがあります。どんな場合でも、自分のことをさらによく知ることができるチャンスです。

パッションテストをどのくらいの頻度でやればいいのかわからなければ、自分が書いたパッションの上位5つに沿って生きることが難しくなったときに、もう一度やってみてください。それは、あなたが書き出したパッションよりも大事なことが、他に何かあるかもしれないからです。

自分を幸せにする分だけ、他人は幸せになれる

自分が望むことを常に選んで生きるというのは、かなり自己中心的ではないでしょうかと言う人たちもいます。他の人の望みやニーズはどうすればいいのでしょうか、と。そんなとき私たちはいつもこのように答えます。

「あなたにとって最善のこと、最も大きな喜びをもたらすことをすると、誰もが勝者となるのです」

今から具体例を挙げて、説明していきます。

最近のことになりますが、ジャネットがセミナーをしたときに、ある女性が手をあげました。

「家に子どもたちがいるときに、どうしたらパッションに沿った選択ができるでしょうか？」

とその女性が言いました。するとジャネットは、

「あなたのパッションは何ですか？」

と問いかけました。

「本当はファッションの仕事を始めたいの」

「パッションを生きられないと考えて、家の中でイライラしているのかしら？」

「ええ、いつもそうよ」

「行き詰まってフラストレーションを感じていることで、お子さんか旦那さんに八つ当たりする？」

「します」

「じゃ、教えて。ファッション業界でパートタイムの仕事を探してから子どもたちとの時間を過ごすか、今までのママでいるか、どちらがベストかしら？　あなたが幸せになることをやらないことで、どんなメッセージを子どもたちに伝えていると思う？

そして、このことがあなたの内なる幸せを創造し、イライラを終わらせ、もっと愛のある家庭をつくるかもしれないということがわかるかしら？」

とジャネットが言った瞬間に、彼女は何かピンときたようでした。自分のパッションを生きながら、同時に子どもたちの世話をすることもできるということが腑に落ちたのです。

〝どのようにやるか〟をわかっている必要はありません。〝何〟についてを明確にする必要があるだけです。

ほとんどの母親にとって、子どもたちと家族は最優先のパッションです。母親が何か他のものを求めているとき、そこには理由があります。この女性のように、愛する人のためということを名目に、自分のことを後回しにしてしまうと、自分が惨めで犠牲者のように感じられて不幸せになってしまいます。

一方、**自分自身が幸せで、幸せの器が満たされていると、自然にたやすく他の人へと幸せがあふれ出します。**

大事なことは心を開いていることと、自分が人生で創造したいことは何かを明確にし、それに注意を向け続けることです。そして、〝どのように〟の部分は宇宙に委ねましょう。

喜びはいつでもそこにある

自分の信念や考え方の下に隠れているのは、すばらしい世界です。喜び、至福、満ち足りた世界……。雲があっても必ずその背後に太陽があるように、喜びに満ちた世界はそこにあります。ジャネットは何年も前にそのことを学びました。そして、ついにこの雲を散らす方法を発見したのです。

――

クリスと私が結婚する何年も前に、スウェーデンで呼吸法のコースを受講しました。インストラクターが、この呼吸法を実践している最中に、とても苦しくなる場合がありますと説明しました。

「そういうときは、完全に痛みの中に入り込みなさい。そうすればやがて痛みを超越できるでしょう」

今でも忘れられない言葉です。

二人が結婚していた頃に、かなりきつい痛みを感じる出来事が、お互いの人生で何度かありました。その当時のクリスは、そうしたときは心を閉ざし、その痛みから逃げようとしていました。そんな彼に対して、呼吸法で学んだことについて説明しました。

「心を閉ざしてしまうと、実際にはその痛みを心の深くに埋め込んでしまうだけだから、再び痛みは現れることになるわ。そうではなく、痛みの中に入り込めば、それが通り過ぎた先に平安と至福があるのよ」

と。最初、クリスは、このことをまったく受け入れようとしませんでした。

その後、あるときクリスは大きな痛みを抱えて仕事から帰ってきました。会社を救うためにできる限りのことを彼はやっていましたが、それにもかかわらず会社の創設者であるパートナーは、何度も間違った決断を下していました。クリスのアドバイスには耳も傾けず、会社はすべてを失うぐらい崖っぷちに立たされていました。

給料を支払う資金もないことがわかったとき、クリスは打ちのめされました。失いかけている会社を救うための必死の努力とプレッシャーが、彼にのしかかっていることはすぐにわかりました。

その晩眠りについたものの、夜中の3時にクリスが突然目覚めて私を起こしたとき、彼は震えを止められずにいました。

「クリス、痛みをしっかり受け止めて、その中に入りなさい。横になって深く息を吸って、吐いて、完全に痛みの中に入って」

私は指示しました。

自分ではどうすることもできなかったクリスは、私の指示に従いました。

「クリス、100%痛みに身を委ねなさい。抵抗しないで」

と私は言いました。そして、呼吸法を続けながら痛みの中に完全に入り込んで60分ほど経つと、クリスはとても穏やかな笑顔で私を見上げました。

その瞬間にクリスは理解しました。痛みの向こう側に平安と静寂と至福があるのだということを……。

何年も経ってから、まったく違った状況の中で私はこのことを思い出しました。

お湯がいっぱいに入った大きなポットを持っていた私は、突然バランスを崩したかと思うと、首から下まで熱湯をかぶってしまいました。思い出すだけで身震いしますが、数秒のうちに私は、全身に大やけどを負っていました。治療をしてもらったあとは、ベッドに仰向けになって、身動き一つしない体勢が一番心地いい状態でした。少しでも動こうとすると、叫ばずにはいられないほどの痛みが走ったのです。シーツのかすかな動きですら激痛が走ったために、身体にはシーツやカバーをかけることさえできませんでした。

ベッドに横たわってから数時間経って、完全に痛みにとらわれていたときに、

「この悪夢の拷問は一生続くのかしら」

と考えていました。どんな体勢をとってもまったく痛みは解消されず、私は疲れきっていました。

その後です。驚くようなことが起きたのは……。もう痛みに耐えられないと思ったときに何年も前に聞いたスウェーデンの呼吸法のインストラクターの言葉を思い出しました。

「痛みの中に入り込みなさい」

と。ベッドに横たわりながら、私は強烈な痛みにとらわれ、１００％痛みに全意

識を集中させていました。

最初は、本当につらく苦しい経験でしたが、完全に痛みに身を委ねていると、もはや痛みは感じられなくなりました。その代わりにゆるぎない平安を感じました。

「完全に痛みの中に入り込みなさい。そうすれば、やがてそれを超越するでしょう」

と、あのインストラクターが言ったことに従い、そして再び、痛みの先にあるものを見つけました。喜びは、常にそこに存在するのです。

この喜びの状態をマーシー・シャイモフは**「理由のない幸せ」**と呼んでいます。喜びは常にそこに存在し、いつでも手の届くところにあります。しかし、現実に反する信念や思い込みにとらわれていると、その喜びの状態から遠ざかり、痛みを感じることになります。**心の痛みは、誤った信念に執着した結果の産物**です。痛みから逃げ出したり、お酒やドラッグやテレビなどで、痛みを鈍らそうとしている限り、その痛みは必ず、再度現れてきます。

痛みを受け入れるなんてありえない、不快だろうと最初は思うでしょうけれど、それが癒しのプロセスの始まりなのです。**痛みに向き合い、痛みを完全に受け入れることで、そ**

の先にある喜びの境地にたどり着くのです。これを、マーシー・シャイモフは「理由のない幸せ」と呼び、それに関する著書もあります。それでは、マーシーの幸せ、パッション、生きる目的について語ってもらいましょう

ベストセラー『「脳にいいこと」だけをやりなさい！』の著者のパッション

マーシーは自己啓発系の書籍の中で最大のヒットと言われる『こころのチキンスープ』シリーズの著述者の一人です。彼女の関わったものだけでも累計1300万部を売り上げています。「ニューヨーク・タイムズ」紙のベストセラーリストに108週間載っていたほどです。最近の著作は『「脳にいいこと」だけをやりなさい！』（茂木健一郎・訳）です。

私たちは皆同じ源から出てきています。その源とは、純粋な喜び、純粋な愛、純粋な幸せです。それこそが私たちの本質です。真の幸せを経験するためには、私たちの源とのつながりを感じる必要があります。**パッションに沿って生きているときは、魂と天命に沿った生き方をしています**から、私たちは幸せを感じることができるのです。

私は長年、すばらしいリーダーや賢者たちと一緒の時間を過ごさせていただいたのですが、彼らはどこに行っても周囲に幸せの光を放っています。どんな最悪の状況になったとしても、彼らは幸せであり続けるでしょう。

そういう幸せを私も欲しいと思いました。今の世の中、人々は幸せになるために何かを手に入れようと忙しく過ごしていますが、うまくいきません。一つの目標を達成すると、またすぐ次の目標があり、永遠に続いていくので、何かを得ることにより手に入れる幸せは一時的なものです。

「理由もなく幸せ」という状態があることは知っています。これは神経生理学的な、平安と幸福の状態です。そうした状態を測定可能な装置は実際に存在しますし、そうした状態が存在することもすでに実証済みです。

「成功はヒントを残す」という古い格言がありますが、成功者の行動を研究し、その行動に従えば、あなたも成功することができるでしょう。幸せもしかりです。幸せもヒントを残します。心から幸せな人を研究して、共通する特徴を調べればいいのです。

おそらく、その中で最も重要だと言える特徴は、宇宙を信頼する力でしょう。心から**幸せな人たちに共通していること**は、宇宙も人生もあるべき方向に進んでいくという信頼感です。時には、外部の状況が自分たちの望んでいるようなものではないかもしれませんが、それでも彼らは幸せであり続けます。

そして、心から幸せな人たちは、どんな出来事の中にもギフトを見つけます。ですから、**望まない状況にいる場合でも、そこにギフトを見いだす**のです。また、自分たちの気分が良くなるようなことを好みます。気分を悪くすることに意識やエネルギーを割くのではなく、気分が良くなることに意識を向けているのです。

心から幸せな人たちは、どこに行こうとも、どんな状況にいようとも、目的感を持っています。スタンドでガソリンを車に入れているときですら、目的意識や喜びがそこにあります。

一方、引退した人たちの統計には驚かされます。退職した途端に亡くなってしまう人も少なくありません。なぜ彼らは死んでしまうのでしょうか？　生きる目的を失うからです。目的が私たちに喜びをもたらしてくれるのです。

私の大好きな話をさせてください。私が知っている人の中で最も幸せな人は父でした。父は自分のやっていた歯科医という仕事をこよなく愛していました。72歳のときにしぶしぶ引退したのですが、退職後に関する統計のことも知っていました。

『何か他にやることを見つけないと』と彼は言いました。そこで父は歯科の仕事の中で好きなことは何かを分析し、アーティスト気分を味わえる複雑な手作業が好きだということに気づいたのです。

そこで、72歳にしてレース刺繍を始めて、その達人になりました。父はレース刺繍をするのが大好きで、85歳のある日、私が実家を訪ねると、最も複雑で大きなレース刺繍の作品をちょうど手がけ始めたところでした。

私は父に言いました。「お父さん、終わるまでにどのくらいかかるの？」と。すると父は「今のペースで進めると4年はかかることになるだろうね」と答えました。85歳にして4年がかりの大きなプロジェクトを始めたわけです。でも、彼には目的感がありました。さて、父はそのプロジェクトを実際に完成させたのでしょうか？

もちろん、父は完成させ、なんとカリフォルニア州で刺繍の賞を受賞したのです。父は一瞬一瞬を全力で生きながら、愛と目的意識とパッションを注いで行動することで、すばらしい作品を仕上げられたのだと私は思います。

年齢に関係なく、やっていることに関係なく、いつでも目的意識を感じていることとは幸せに欠かせないことです。

目的意識を発達させる方法として、私が気に入っているのがパッションテストです。誰にとっても目的に沿った人生を生きる手助けになります。その上、自分の人生の中で心がときめくことは何かがわかるようになります。

多くの人たちは忙しい日常を生きていますから、自分の心の声に注意を向けていません。自分の心がときめくものが、あなたのパッションであると言えます。

あなたの心を広げるものは何ですか？

何があなたを満ち足りた気持ちにさせますか？

何があなたの魂に響いて、ときめかせますか？

そう問いかけたら、宇宙からの合図を待ちましょう。必ず何らかの合図があり、よりパッションに沿った生き方ができるように、道を示してくれるでしょう。

最も大事なことは、頭ではなく、心の声に耳を傾けることです。自分の内なる叡智と直感を信頼しましょう。頭は、すべきことや、まわりの人があなたに期待していることは何かを教えてくれます。しかし心の声にじっくり耳を傾けると、魂が言わんとしていることがわかります。そういうあり方で生きるとき、理由もなく幸せになり、パッションを生きていられるでしょう。

愛とは、宇宙で最も強力な力であり、愛以上にパワフルなものはありません。愛に導いてもらうと、純粋な幸せや喜びのある人生になるのです。

エピローグ

私たち二人が本当に自分のパッションに沿った生き方ができるようになるまでには30年以上の時間が必要でした。

完全にパッションに沿った生き方をすることもあれば、時には道から外れることもありました。はっきりしているのは、パッションに沿っていると、喜びや充実感、楽しみに満ちた生活につながるということです。道から外れているときは、みじめな生活になります。

まわりからサポートを得ることは必要不可欠です。自分のパッションを生きたいとどれだけ願っても、時折、古い信念や思い込みから、問題が生じるのです。もしも私たちにメンターや先生がいなければ、今日のようなすばらしい生き方をすることはできなかったでしょう。

ですから、あなたにも、**助言やサポートを求めることをお勧め**します。**自分一人で成功できた人は誰もいません。**あなたが望む人生を生きる手助けになるようなリソースやメンター、そして先生を探しましょう。心をオープンにして学び、助けを受け取る決断をしましょう。そうすれば、人生は一気に変わってきます。

何よりも、パッションテストを定期的に受け、宇宙ハイウェイの旅を楽しみましょう。いつでも復習できるように、ここで、ポイントをまとめておきます。

◎ギフトを発見する――人生の中の良いものに注意を向けていれば、もっと良いものを創り出すことができます。すべての瞬間、すべての状況、出会うすべての人の中にギフトを見いだしていけば、あなたの人生はギフトでいっぱいになります。

◎自分の欲しいものを人に与える――幸せを得る方法は、自分の欲しいものを人に与えることです。人生は鏡のようなものです。あなたが与えたものは、あなたが将来受け取ることになります。

◎行動するからこそアテンション（注意）を向けられる――結果をもたらすのは行動ではありません。ほとんどの場合、自分が計画したとおりに物事は進まないものです。しかし、行動を続けることで、自分のインテンション（意図）を実現することに注意を向け続けることができます。自分が注意を向けたことが、結果を創り出すのです。

◎自然ガイドシステム――自然のメッセージに耳を傾けていると、進むべき道をガイドしてくれるでしょう。拡張している感じがするときは、アクションを起こし、前へ進み、達成へのプロセスを楽しみましょう。収縮を感じるときは、止まり、休み、見直して、自分自身を取り戻すプロセスを楽しみましょう。

◎失敗という選択肢はない――心から自分のパッションを生きているとき、何もあなたを止めることはできません。

◎3つの障害――パッションを生きる上で、障害となるものは3つしかありません。「誤ったアイデア」「誤ったコンセプト」「誤った思い込み」です。現実と戦おうとすると、あなたは100%負けてしまいます。自分にとって一番大切なことよりも、他のことを優先した選択をしていることに気づいたら、自分の考えを見直してみましょう。バイロン・ケイティの「ザ・ワーク」は、自分を制限している信念を解きほぐすパワフルなツールです。

◎ノーテンション（柔軟）——ノーテンション（柔軟）状態での行動は強力な結果を生み出すための鍵となります。ノーテンションの状態は、すべてがそろっていて穏やかな心の状態です。心が穏やかなとき、インスピレーションは自然に起きます。

◎信頼のスピード——パッションを生きる上で、信頼は中核となるものです。自分は愛情に満ちた世界に住んでいるという考えを信頼し、まわりの人との信頼関係を築くようにしてください。

◎幸福はいつでもそこにある——あなたの人生は十分に満たされています。間違った信念やアイデアに執着すると、今そこにある幸福を感じられなくなります。痛みの中に入り込み、それを十分に感じましょう。そうすれば、幸福を再発見することができます。

◎永続的な成功――自分にとって大切なものがはっきりすればするほど、パッションが大きく変化することはなくなるでしょう。定期的にパッションテストを受け続けてください。最低でも6カ月は開けないように。毎回やるたびに自分のことをより深く知ることができます。

あなたがどんな選択をしたとしても、愛のパワーと強さを忘れないでください。私たちがパッションと呼んでいる、あなたが一番愛しているものが、否が応でもあなたの運命を成就する方向へ導いていくのです。

最後にこの言葉を贈ります。

パッションは愛から生まれた
愛は私たちの中にある神の領域である
愛は生きて、呼吸をし、私たちを通じて表現される

愛はパッションの炎で私たちを満たしてくれる
達成感は愛より生まれ、愛を通して満たされる

愛のために、愛に生きよう
愛に生き、愛を分かち合おう
私たち共通の運命に仕えるために
愛のままに私たちからパッションを湧き出させよう
人々に仕えるために

訳者あとがき

最後までお読みいただき、ありがとうございます。

ここまで読み進められた読者の方は、おそらく、「パッションを生きる人生を送りたい！」と強く思っていることでしょう。一方、本当に自分はパッションを生きることができるのか、まだ半信半疑の方もいらっしゃるかもしれません。

本書は、ただ読むだけの本ではなく、体験する本です。読むだけでもいろいろな気づきが得られるとは思いますが、実際に、本書で紹介されているさまざまなツールを使うことで、人生が劇的に変わっていくことでしょう。

本書で紹介されている代表的なツールはもちろん、**「パッションテスト」**です。体験すると、自分のパッションが本当に明確になります。その他、**「マーカー」「パッションスコア」「パッションページ」「100歳のバースデースピーチ」「感謝ゲーム」「恐怖への対処法」「自然ガイドシステム」**、バイロン・ケイティの**「ザ・ワーク」**など、たくさんのツールが紹介されましたが、いずれも情熱を生きる上でとても役立ちます。

本書の一貫したテーマは、「情熱（パッション）」ですが、それは言い換えると、「心に響くことをやって生きよう」ということだと言えます。**自分が幸せに生きていくためにはどうしたらよいかは、自分の頭ではなく、心が一番よく知っています。**そのため、本書では繰り返し、自分の心に問いかけることの大切さを伝えています。

パッションテストによって自分の心の声を拾い上げ、「自分の心に響くこと」「自分が本当に求めていること」「大切に思っていること」を明確にし、それに沿って生きることは、最高に幸せな人生を送ることにつながる、という考えは、理にかなっています。

その第一歩としてお勧めしたいのは、パッションテスト日本公式ホームページで、無料で受けられる「パッションテスト・プロフィール」と呼ばれるパッション診断です。

パッションテスト日本公式ホームページ http://thepassiontest.jp/

1分以内に回答できる7つの選択式質問に答えるだけで、自分のパッションの状態が診断されます。そして、診断内容を元に、パッションを生きるためにどうすればよいか、具体的なアドバイスを受け取ることができます。

ぜひ、パッションを生きるはじめの一歩として活用してみてください。

鶴田豊和

【著者紹介】

ジャネット・アットウッド（Janet Attwood）

パッションテストの創始者。情熱に関するエキスパートで世界的な指導者。ダライ・ラマやジャック・キャンフィールドなど、多数の成功者と協業経験がある。ホームレスの女性と拘置所の若者に対するボランティアの実績により、アメリカ大統領から"The Presidents Volunteer Service Award"を受賞。

クリス・アットウッド（Chris Attwood）

パッションテストの創始者。自己啓発分野のエキスパート。ジャネット・アットウッドとともに、46カ国を超える1000人以上のパッションテスト・ファシリテーターを育てた。アンソニー・ロビンス、ロバートキヨサキ、ジャック・キャンフィールドなど、世界中のトップクラスの成功者と協業の経験がある。

【訳者紹介】

鶴田豊和（つるた・とよかず）

日本初のパッションテスト・ファシリテーター。無名の中小企業で仕事が合わずうつ状態のときに、さまざまな自己分析の末に自分の情熱を見つけ、マイクロソフトに正社員として入社。マイクロソフトの人事として、数千名の面接経験を持ち、さまざまなキャリアに精通。その後独立し、「情熱と幸せ」をテーマにした講演会・コンサルティング・セミナーなどを行なっている。

ホームページ http://www.inspire-inc.biz/

ユール洋子（ゆーる・ようこ）

米国NLP協会公認NLPトレーナー。通訳・翻訳家。公益社団法人誕生学協会理事。ダライ・ラマ14世、アンソニー・ロビンス、ジョン・F・ディマティーニ、リチャード・バンドラー、スティーヴン・コビー、ジャネット・アットウッド他多数の言葉を通訳しながら、コミュニケーターのあり方やスキルを習得。著書に『ベストな自分を創り出すNLP心理学』『娘を幸せにするブックガイド』、訳書に『100%人生が変わる1%のひらめき』『NLP子育てコーチング』『わが子に豊かさと成功をもたらす7つの法則』他多数。

心に響くことだけをやりなさい！

2013年 6月21日　初版発行
2020年11月12日　4版発行

著　者　ジャネット・アットウッド／クリス・アットウッド
訳　者　鶴田豊和／ユール洋子
発行者　太田　宏
発行所　フォレスト出版株式会社
〒162-0824 東京都新宿区揚場町2－18　白宝ビル5F
電話　03-5229-5750（営業）
　　　03-5229-5757（編集）
URL　http://www.forestpub.co.jp

印刷・製本　日経印刷株式会社

ISBN978-4-89451-569-7　Printed in Japan